KB176957

지갑 속의 한국사

가 뿐 하 게 읽 는 역 사

지갑 속의 한국사

박강리 지음

북하우스

대학로의 한 카페에 앉아 물끄러미 창밖을 바라보고 있었다. 느티니무, 배롱나무, 등나무, 소나무, 향나무 들은 함께 있어도 개성을 잃지 않았다. 이 나무들이 이렇게 한곳에 모여 살게 된 것은 사람들이 도시 속에 조경을 했기 때문이다. 지폐에 그려진 인물들이 지갑 속에 함께 있게 된 사연도 비슷하다.

지나가던 바람이 나무들과 장난이라도 치는지 나뭇가지 끝이 살랑거렸다. 때마침 한 무리의 청소년들이 카페 유리창을 따라 줄지어 지나갔다. 하늘을 향해 가지를 쭉 뻗은 나무들과 청소년들의 모습이 닮았다. 햇살 좋은 날, 모두 함께 지폐 인물을 만나러 가는 길을 상상했다.

우리나라 지폐 인물들은 시대순으로 세종 이도, 퇴계 이황, 신사임당, 율곡 이이 네 명이다. 역사 인물, 위인이라는 옷을 입고 늘 우리 가까이에 있다. 곳곳에 동상이 있고, 인물을 다룬 책도 많고, 심지어 세종로, 퇴계로, 사임당로, 율곡로처럼 도로 이름에도 있다. 하지만 우리는 얼마나 알고 있을까? 그들은 어떤 삶을 살았을까? 지폐 속 인물은 가까이 있어도 멀리 있는 것과 같다.

디지털 시대에 지갑은 모습을 바꾸어 스마트폰 속으로 들어왔다. 일상에서 지폐를 사용할 일도 점점 사라지고 있다. 지폐 인물이 지폐의 가치를 높여주지도 않는다. 지폐 자체는 몰라도 특별히 지폐 인물이 주목을 받는 일도 없다. 하지만 지폐는 여전히 남아 있다.

만 원권 앞면에는 세종이 익선관을 쓰고 있다. 해와 달과 산이 있는 그림은 일월오봉도이고 그 위에 세로로 쓰여 있는 글은 용비어천가이다. 뒷면에는 천상열차분야지도와 혼천의, 보현산천문대 천체망원경이 있다. 만 원권은 조선의 높은 이상과 세종이 바라본 하늘과 천문 과학을 떠올리게 한다.

천 원권에는 앞면 가득 매화꽃이 활짝 피었다. 성균관 명륜당의 현판이 또렷하고 월대도 보인다. 뒷면에 있는 그림은 겸재 정선의 〈계상정거도〉이다. 자세히 보면 그림 속에서 홀로 앉아 책을 읽고 있는 선비가 보이는데, 아마도 퇴계일 것이다. 우리는 이 책에서 이제는 걸을 수 없는 옛 도산서당 가는 길도 더듬어볼 것이다.

오만 원권은 화가로서의 신사임당이 돋보인다. 앞면에는 줄기에 매달린 포도송이가 펼쳐진 잎 뒤로 살짝 숨었다. 그 옆으로 뻗은 넝쿨손이 야무져 보인다. 원래 수묵으로 그려진 이 〈포도〉는 지폐 디자인이 되면서 색이 입혀졌다. 그 아래로는 안개 속에 갇힌 듯 색을 잃은 가지 그림도 있다. 오만 원권 뒷면의 그림은 세로로 감상하는 것이 좋다. 매화, 달, 대나무가 어우러진 그림이다. 어몽룡의 〈월매〉와 이정의 〈풍죽〉에서 가져왔다. 지폐에서는 볼 수 없지만 사임당을 닮아 '작은 사임당'이라고도 불렸던 큰딸 매창의 월매도가 눈앞에 아른거린다.

오천 원권에는 율곡의 초상이 오죽(줄기가 검은 대나무)과 강릉 오죽헌, 그리고 사임당의 초충도와 함께 있다. 앞면의 오죽과 오죽헌은 율곡의 어린 시절을 떠올리게 하고, 뒷면의 초충도에서는 어머니 사임당을 그리워하는 율곡의 마음이 느껴지는 것만 같다. 선비로서 평생 자신을 속이지 않으며 치열하게 살았던 율곡도 만나고 싶다.

이제 지폐 인물들을 만나러 가보자. 세종을 만나러 경복궁으로, 퇴계를 만나러 도산서원으로, 사임당을 만나러 오죽헌으로, 율곡을 만나러 자운서원으로 함께 가보자. 발걸음은 가볍게, 늘 가까이에 있지만 제대로 눈을 마주한 적 없는 인물들과의 만남을 기대하는 마음도 챙겨보자. 만남은 만남 그 자체로도 아름답다. 혹시라도 저마다의 삶 속에 작은 씨앗으로 품어질 수 있다면 그 만남은 선물이다.

이 책을 쓰는 동안 익숙하면서도 낯선 어느 골목길을 걷는 기분이었다. 길을 잃지 않게 도와주신 윤여덕 선생님, 안동 답사를 함께해주신 성현옥 님, 강릉 답사를 함께했으며 초고를 읽고 솔직한 의견을 나누어준 내 오랜 책 친구들에게 감사한다. 그리고 세상의 바다로 나아갈 수 있게 훈풍을 실어준 북하우스에 마음 깊이 감사한다.

차례

세종 이도

하늘을 살펴 널리 백성을 이롭게 하라

경복궁에서 조선의 천문 과학으로
이어지는 길을 찾아라.
그 길에서 나를 만나게 될 것이다.

세종 이도(1397~1450)
태조 6년(1397년), 서울 북부 준수방(오늘날 종로구 통인동)에서 아버지 이방원(태종)과 어머니 여흥 민씨(원경왕후) 사이에서 셋째 아들로 태어났다. 네 살 때 경복궁에 들어가 살게 되었고, 1418년 조선의 제4대 왕이 되었다. 조선이라는 새 나라를 물려받아 나라의 기틀을 튼튼하게 세웠다. 세종은 젊은 인재를 등용하고 아낌없이 지원했으며, 대화와 토론으로 소통하면서 놀라운 성과들을 이뤄냈다. 훈민정음 창제와 조선의 과학 발전뿐만 아니라 정치, 경제, 사회, 문화, 역사, 국방, 외교, 의학, 건축, 음악, 교육 등 전 영역에서 독보적인 업적을 남겼다. 세종 32년(1450년), 막내 아들 영응대군의 사저에서 세상을 떠났다. 세종대왕과 소헌왕후의 묘(영릉)는 현재 경기도 여주에 있다.

#경복궁
#광화문
#익선관
#일월오봉도
#훈민정음
#용비어천가
#천상열차분야지도
#혼천의
#보현산천문대 천체망원경

함께 갈 사람,
여기 모여라!

경복궁에는 많은 이야기가 있다. 한 번에 모든 것을 남김없이 보겠다는 욕심은 버리는 게 좋다. 그렇다고 해서 눈에 보이는 대로만 보겠다고 하면 정작 봐야 할 것을 놓칠 수도 있다. 그럼 어떻게 보면 좋을까? 하나의 주제를 미리 정하고 그 주제를 따라 찾아보는 것도 좋은 방법이다. 예를 들면 조선의 정치, 역사, 인물은 물론 건축, 현판, 궁궐의 그림, 나무, 천문 과학까지 모두 주제가 될 수 있다.

서울 광화문 광장에는 세종이 어좌에 앉아 있는 모습의 동상이 있다. 방금 전까지도 책을 읽다가 손을 들어 우리를 반갑게 맞이해주는 것만 같다. 눈 맞춤으로 가볍게 인사를 드리고 동상 가까

광화문 광장에 있는 세종대왕 동상. ⓒ위키미디어

이 다가가본다.

세종은 머리에 익선관을 쓰고 있다. 만 원권 앞면에서 본 바로 그 모자다. 익선관은 매미의 날개 모양을 장식한 왕의 모자이다. 예로부터 매미는 깨끗하고 욕심 없는 곤충으로 알려져 있다. 익선관은 백성을 향한 왕의 마음을 상징한다.

세종의 동상 앞에는 복원된 앙부일구, 측우기, 혼천의가 설치되어 있다. 혼천의는 만 원권 뒷면에 있는 것과 똑같이 생겼다. 그때 어디선가 소리 없는 소리가 귓가에 들려온다.

'이 세 가지 보물을 잘 기억하라. 경복궁에서 조선의 천문 과학으로 이어지는 길을 찾아라. 그 길에서 나를 만나게 될 것이다.'

동상 옆으로 비켜서서 앞을 바라보면 북악산이 마주 보인다. 경복궁은 북악산에 기대어 남북으로 길게 배치되어 있다. 북악산은 조선이 세워지기 훨씬 이전부터 그곳에 있었다. 그 긴 세월 모두를 품어주었던 북악산이 이제, 우리를 기다리고 있다.

광화문,
빛처럼 환하고 밝게

경복궁 남쪽에는 세 개의 문이 일렬로 배치되어 있다. 바로 광화문, 홍례문, 근정문이다. 경복궁의 첫 번째 문의 이름은 원래 '정문(正門)'이었다. 사악한 기운은 물리치고 바른 사람과 바른 기운만 통과하라는 뜻이었다. 세종은 이 문의 이름을 '광화문'으로 바꾸고 현판을 새로 내걸었다. 현판은 글자를 쓰거나 새겨 문 위에 건 나무판이다. 현판이 보이는 쪽이 밖이다. 현판은 그곳이 어떤 일을 하는 곳인지, 또 어떤 일을 하려는 곳인지를 보여준다. 이 문을 드나드는 사람, 특히 관리들로 하여금 자신의 책임과 의무가

광화문 전경. 세종은 원래 '정문'이던 문의 이름을 '광화문'으로 바꾸고 현판을 새로 내걸었다.

무엇인지 항상 잊지 않도록 했다.

그렇다면 '광화'란 이름이 품은 뜻은 무엇이었을까? '광(光)'은 '빛처럼 환하고 밝은' 그리고 '어진 사람'을 나타낸다. '화(化)'는 그렇게 '변화한다' 또는 '변화시킨다'는 뜻이 있다. 이 두 뜻을 조합해보면 광화의 뜻은 다음과 같다. '빛처럼 환하고 밝게, 어질게 변화하게 하라!'

세종은 도덕을 높이고 밝혀, 나라의 바탕으로 삼고자 하였다. 어진 정치를 베풀어 백성들이 배부르고 평안하게 살아가는 나라, 나아가 모두가 어진 마음으로 살아갈 수 있는 나라를 만드는 일에 뜻을 두었다.

세종 이도,
새 나라의 어린이

이도는 1397년 서울 북부 준수방(서울시 종로구 통인동)에 있는 왕의 사저에서 태어났다. 할아버지 이성계가 조선을 세운 지 5년이 지난 뒤였고, 아버지 이방원이 왕위에 오르기 3년 전이었다.

이도의 할아버지 이성계와 아버지 이방원은 고려 사람이었다. 고려는 왕건이 불교를 기반으로 세운 나라였다. 불교라는 토양에 깊이 뿌리내리고, 부처님의 자비로 가득한 하늘 아래 거의 500년에 가까운 시간 동안 번성했다. 울창한 숲속 아름드리나무처럼 생명력이 충만하여 눈부시게 존재감을 내뿜던 시절이 있었다. 그러나 화려한 시절은 영원히 계속되지 않는다.

고려 후기에 안향에 의해 성리학이 도입되었다. 고려 지식인들은 성리학을 새로운 사상으로 주목했고, 이들은 불교와 권문세족(벼슬이 높고 권세가 있는 집안)의 부패를 비판하는 신흥사대부 집단으로 성장했다. 그러나 그 안에서도 이상은 서로 달랐다. 성리학으로 고려를 개혁하고자 하는 사람들이 있었고, 성리학을 기반으로 새로운 나라를 세우고자 하는 사람들이 있었다. 이도의 할아버지 이성계는 뜻을 함께하는 사람들과 힘을 합쳐 조선이라는 나라를 새롭게 세웠다.

이도는 평범하지 않은 시대, 결코 평범하지 않은 집안에서 태어났다. 아버지 이방원은 무인 집안에서 태어나 자랐다. 뛰어난 무인이면서도 성리학을 깊이 공부하여 학자로서의 풍모를 함께 지니고 있었다. 어머니 민씨 부인은 여흥 부원군 민제의 딸로, 이방원의 정치적 반려자이면서 매사에 당당하고 포부가 큰 여성이었다. 가히 여장부라고 할 만했다.

부부는 슬하에 4남 4녀를 두었다. 이제(양녕대군), 이보(효령대군), 이도(충녕대군), 이종(성녕대군)과 정순공주, 경정공주, 경안공주, 정선공주였다. 1401년, 이방원이 왕위에 오르면서 이도는 가족들과 함께 궁궐로 들어가 살게 되었다. 이도가 네 살 때였다.

처음부터
세자는 아니었다

태종 이방원은 왕자의 난을 일으켜 피로 얼룩진 험난한 길을 헤치고 왕위에 올랐다. 아들들만큼은 자신과 같은 길을 걷게 하고 싶지 않았다. 그래서 원경왕후가 낳은 맏아들인 양녕대군이 순조롭게 왕위를 이어받아 나라를 잘 이끌어나갈 수 있기를 바랐다.

태종 4년(1404년), 양녕대군이 세자가 되었다. 하지만 양녕대군은 아버지 태종에게 시위라도 하듯 매사에 노골적으로 반항했다. 왕세자 공부를 게을리하였고, 궁궐 안과 밖을 가리지 않고 여색에 빠져 지냈다. 그런 아들의 모습을 보면서 태종의 시름은 깊어갔다. 둘째 효령대군은 불교에 깊이 심취하여 정치와는 거리를 두고 살았다. 셋째 충녕대군은 학문이 깊고 넓었다. 게다가 품성도 따뜻하였다. 막내 성녕대군은 나이는 어렸으나 의젓하고 총명하였다.

태종은 충녕대군이 다방면에 재능이 많다는 것을 알아차렸다. 혹시라도 충녕대군이 신하들의 관심을 끌게 되어 세자인 양녕대군과 왕위 다툼을 일으키지는 않을까 걱정스러웠다. 그래서 태종은 기회가 있을 때마다 충녕대군에게 양녕대군의 존재를 각인시켰다. 심지어 거문고와 가야금을 주면서 왕세자 교육을 따로 받지 않아도 되니 그 시간에 악기 연주를 익히라고 명을 내리기도 했다. 충녕대군은 음악에도 천부적인 재능이 있었다. 절대음감은 그를 따라올 사람이 없었다. 시간이 흐르면서 세자 양녕대군과 충녕대군은 강렬하게 대비되었다.

1418년 2월, 막내 성녕대군이 열네 살의 나이로 세상을 떠났다. 태종은 어린 아들을 가슴에 묻었다. 그해 6월, 태종은 마침내 결단을 내리고 충녕대군을 세자로 책봉한다. 같은 해 8월에 예정되어 있던 즉위식을 앞두고 충녕대군은 아주 짧은 기간 동안 집중적으로 왕세자 교육을 받았다.

충녕대군과 청송 심씨,
배필이 되다

1408년, 열두 살이던 충녕대군은 청송 심씨와 혼인했다. 청송 심씨는 청천부원군 신오과 삼한국대부인 안씨의 딸로 충녕대군보다 두 살이 많았다. 두 사람의 인연을 이어준 사람은 태종의 누나이자 충녕대군의 고모인 경선공주였다.

1418년에 충녕대군이 왕세자가 되면서 청송 심씨도 세자빈이되었다. 그리고 그해 8월, 세종이 조선의 제4대 왕으로 등극하면서 왕비(소헌왕후)가 되었다. 세종과 소헌왕후는 8남 2녀의 자녀를두었다. 아들 이향(문종), 수양대군(세조), 안평대군, 임영대군, 광평대군, 금성대군, 평원대군, 영응대군과 딸 정소공주와 정의공주였다.

소헌왕후는 성품이 인자하고 자애로웠다. 궁에 소속된 여성들은 내명부의 관리를 받았고, 왕비는 내명부를 잘 다스려야 할 책임이 있었다. 왕비로서 내명부를 지혜롭게 잘 다스리는 한편 내조도 잘했던 소헌왕후는 더운 여름날이면 집현전 학자들을 위해얼음 식혜를 보냈다.

아버지, 든든한 울타리이면서
넘어설 수 없는 벽

세종이 왕위에 오르자 태종은 왕의 자리를 물려주고 뒤로 물러났다. 하지만 정치의 끈은 여전히 놓지 않았다. 세종은 일을 추진할 때면 거침이 없는 아버지의 모습을 보며 때로는 든든한 울타리처럼, 때로는 넘어설 수 없는 거대한 벽처럼 아버지를 느꼈다. 그 일이 무엇이든지 바른 정치를 펼치고, 이상 정치를 실현하기 위한 것이라는 아버지의 명분은 설득력이 있었다.

한편, 세종의 장인 심온이 영의정의 자리에 올랐다. 가문의 영광이었으나 기쁨은 그리 오래가지 않았다. 심온이 역모에 휘말리며 목숨을 잃었기 때문이다. 그리고 그 배후에는 태종이 있었다. 태종은 며느리의 아버지를 죽게 하고, 며느리의 어머니와 여동생을 관노비로 만들어버렸다. 앞으로 세종에게 미칠 수 있는 외척의 힘을 미리 제거한다는 명분이었다. 아직 일어나지 않은, 어쩌면 일어나지 않을 위협이었지만 서슬 푸른 정치적 명분 앞에서 사사로운 감정은 아무런 힘이 없었다. 소헌왕후는 모든 일이 꿈이기를 바랐다.

세종은 왕이었으나 아무것도 할 수 없었다. 조정 대신들은 소헌왕후가 역적의 딸이니 왕비의 자격이 없다고 목소리를 높였다. 하지만 징치 드라마의 숨은 의도를 알아차리기라도 한 것처럼 이내 사그라들었다. 세종은 아버지로부터 정치와 권력에 대해 처절하게 배웠다. 태종은 세종이 왕위에 오르고 4년 뒤에 세상을 떠났다.

젊고 다재다능한 왕이
만들고 싶은 나라

이도는 운명처럼 세자가 되었고, 왕이 되었다. 세종은 왕의 자리에서 자신 앞에 놓인 길을 바라보았다. 그 길은 경복궁 담장 저 너머 백성들이 살고 있는 그곳에 닿아 있었다.

할아버지 태조는 조선이라는 나라를 세웠고, 아버지 태종은 길을 닦았다. 이제 시작이었다. 새 나라의 기틀을 굳건하게 세우는 일, 성리학의 이념을 세상에 널리 펼쳐 나라다운 나라의 모습을 갖추어가는 일은 세종이 앞으로 이루어야 할 과제였다.

백성들이 편안하고 풍요롭게 살 수 있는 나라, 어진 마음으로 살아갈 수 있는 나라. 그런 나라를 만드는 일이 왕으로서 자신이 짊어진 가장 큰 책임이라고 생각한 세종은 다짐하고 또 다짐했다. 앞으로 힘이 아니라 덕으로 다스리는 정치를 하겠노라고, 권력을 휘두르며 군림하는 정치가 아니라 어진 정치를 하겠노라고 마음에 새겼다. 젊고 다재다능한 왕은 세상을 향해 힘차게 발을 내디뎠다.

근정전
일월오봉병

근정전 안 어좌 뒤로 일월오봉병을 볼 수 있다. 일월오봉병은 일월오봉도가 그려진 병풍으로, 조선에서만 볼 수 있는 매우 특별한 물품이다. 조선 시대에 왕이 가는 곳이라면 어디든지 일월오봉병이 함께 있었다. 조선의 왕이 앉는 자리 뒤에는 언제나 일월오봉병을 펼쳐 세웠기 때문이다. 조선의 왕은 일월오봉병이 있어야 완전해졌다.

일월오봉도는 상징을 담은 그림이다. 만 원권의 앞면에도 있다. 좌우대칭으로 여백이 없고, 색채가 화려하다. 하늘에 해와 달이 떠 있고, 다섯 개의 산봉우리가 우뚝 섰다. 양쪽에는 줄기가 붉디붉은 소나무들이 자란다. 두 줄기 폭포는 힘차게 아래로 쏟아져 하나의 물결을 이루며 출렁거린다. 절제된 생동감이 가득하다.

일월오봉도는 우주, 자연, 인간 세계를 표현한다. 광활하게 펼쳐지 이 우주 안에 조선이라는 니리가 있다. 조선의 왕은 우수, 자연, 하늘의 대리자로서 권위와 책임을 동시에 부여받았다. 왕으로서 누리는 최고의 권위에는 백성을 위해 올바른 정치를 펼쳐야 할 마땅한 책무가 따랐다. 백성이 없으면 왕도 없고, 신하도 없다. 어좌 뒤로 펼쳐 세우는 일월오봉병은 왕이 지닌 권위가 어디로부터 오며, 왕의 책무가 무엇인지를 잊지 않게 하였다.

조선시대에 왕이 가는 곳이라면 어디든지 일월오봉병이 함께 있었다. ⓒ국립고궁박물관

집현전,
나무에 모여 앉은 새들처럼

원래 집현전은 태조가 고려의 제도를 바탕으로 만든 학문 연구 기관이었다. 하지만 오랫동안 변변한 건물 하나 없고, 소속된 학자도 없었다. 세종은 집현전의 제도를 정비하고 관리를 배치하였다. 그리고 나자 마치 한 그루 나무에 떼 지어 모여드는 새들처럼 조선의 인재들이 집현전으로 모여들었다.

집현전 학자들은 구하기 어려운 책을 맘껏 볼 수 있었다. 지방으로 발령 날 걱정 없이 연구에 전념할 수 있었고, 출퇴근 시간도 제약받지 않았다. 원한다면 오랫동안 근무할 수도 있었다. '사가독서제'라는 제도가 있어서 짧게는 1개월, 길게는 6개월까지 휴가를 받을 수 있었고, 이 기간 동안은 집현전에 출근하지 않고 오로지 학문에만 전념할 수 있었다.

집현전에서는 경연을 주관하였다. 경연은 왕의 공부를 위해 공식적으로 운영된 제도이다. 왕은 인품과 학식이 뛰어난 신하를 스승으로 모시고 의견을 주고받았다. 세종은 꼬박꼬박 참석해 경연을 즐겼다.

"경들은 어찌 생각하시오?"

"경들의 생각은 무엇이오?"

세종은 학자들과 수시로 학문과 정치 현안을 토론하였다. 집현전에서는 조선의 미래를 열어갈 다양한 프로젝트가 기획되고 검토되었으며 차근차근 실현되어갔다. 세종은 재위 기간 동안 정치, 경제, 사회, 문화, 과학, 역사, 국방, 외교, 복지, 의학, 건축, 음악, 교육 등 모든 영역에서 빛나는 업적을 이루었다. 비옥한 땅에 뿌리내린 나무의 가지마다 화려한 꽃들이 앞다투어 피어나듯 집현전은 조선이라는 나라의 기틀을 튼튼하게 세우는 밑거름이 되었다.

수정전 월대 위를 거닐며

경회루 앞에 수정전이 있다. 수정전은 고종 때 지어졌다. 이곳에 집현전이 있었다. 전각 앞에 월대가 성갈하게 놓였다. 집현전에도 월대가 있었다. 경복궁에서 월대가 있는 곳은 왕이 나와서 조회를 하거나 나라의 중요한 행사들이 열렸던 근정전과 왕의 침전인 강녕전뿐이다. 집현전에 월대가 있었다는 데서 그만큼 집현전이 높은 권위를 인정받았음을 짐작할 수 있다.

단종 1년(1453년), 세종의 둘째 아들인 수양대군은 형인 문종의 아들이자 자신의 조카인 단종을 몰아내고 스스로 왕위에 올랐다. 계유년(1453년)에 일어난 이 사건을 계유정난이라고 한다. 집현전 학자들은 신하 된 도리로서 단종의 복위를 도모하였다. 그러나 실패로 끝났다. 세조는 집현전의 현판을 떼어내게 하고, 문을 굳게 닫아버렸다. 이후 성종 때 집현전은 홍문관이라는 이름으로 부활하였다. 하지만 세종과 집현전 학자들이 열정과 도전으로 빛나는 시기를 열었던 그 집현전은 이미 사라지고 없었다.

경회루 앞에 있는 수정전. 이곳에 집현전이 있었다. ©서울역사편찬원

세종의 천문 과학,
하늘을 살펴 백성을 이롭게

유학에 관상수시(觀象授時)라는 천문 개념이 있다. 하늘의 상을 살펴 백성들에게 시간과 질기를 알려준다는 뜻이다. 중국의 요임금과 순임금이 다스리던 시기를 일컫는 요순 시대는 백성들의 삶이 편안하고 태평성대를 누린 시기로 인식되었다. 정치가 존재하는 이유였고, 정치가 추구하는 가장 높은 수준의 이상적인 모습이었다. 요임금은 '희화'라는 관직을 정하여 하늘의 상을 관찰하게 하였고, 백성들에게 시간을 알려주었다. 순임금은 선기옥형(혼천의)을 만들어 천문을 읽었고 이상 정치를 베풀었다. 혼천의는 천체 관측기구인 동시에 성인 군주가 이상 정치를 펼친다는 상징성이 있다.

요순 시대는 조선이라는 나라가 지향했던 이상 군주의 모습과 이상 사회의 모습을 보여주었다. 천문, 역법, 시간을 남낭하는 기관을 두었고, 천체 운행을 관측해 백성들에게 농사의 절기와 시간을 알려주고자 하였다.

조선은 농경 사회였다. 농사는 천하의 근본이었고, 백성들의 삶은 한 해 농사의 성패에 달려 있었다. 농사는 자연에 의지하는 경제 활동이다. 백성들이 때에 맞게 농사일을 할 수 있도록 때를 알려주는 일, 폭우나 가뭄, 냉해와 같은 자연재해 없이 한 해 농사를 잘 지을 수 있게 기원하는 일은 모두 나랏일이었다.

세종은 나라에서 주관하는 국가 제례 의식을 정비하였다. 특히 나라의 사당인 종묘에서 드리는 종묘제례는 국가의 안녕을 기원하는 제례였고, 토지와 곡식의 신을 모신 사직단에 드리는 제례는 농사와 관련된 제례였다.

시간, 계절, 절기와 같은 때를 알면 일상생활도 편리했다. 성문을 열고 닫는 시간을 알려 출입을 통제하는 일도 그렇고, 궁궐 수비군들이 보초를 서거나 교대하는 시간을 정하는 일도 그랬다.

한편, 조선의 왕, 신하, 백성들은 저마다 신분은 달라도 누리는 자연의 시간 자체는 같았다. 1년, 한 달, 일주일, 하루, 1시간, 1분, 1초의 시간 마디와 계절과 절기의 순환은 신분을 차별하지 않는다. 시간, 계절, 절기를 공유하며 사는 사람들은 같은 시간 열차를 타고 있는 것과 같아서 공동체를 이루어 그 문화를 함께 누리며 살았다.

천문 관측기구
제작 프로젝트를 추진하다

조선은 중국 명나라와 외교적으로 조공 관계를 맺고 있었다. 천문을 관측하는 것은 중국의 황제에게만 허락된 일이었기에 조선에서 독자적으로 천문을 관측한다면 자칫 외교 마찰을 일으킬 수 있었다. 그렇지만 국가를 운영하기 위해 조선만의 고유한 시간표를 갖추는 것은 분명 필요한 일이었다.

세종 14년(1432년), 세종은 야심 차게 천문 관측기구를 제작하는 국가 장기 프로젝트를 추진하였다. 이 프로젝트는 1438년까지 7년에 걸쳐 진행되었다.

세종은 과학 인재들을 발굴하여 등용하고, 지원과 지지를 아끼지 않았다. 재능이 있는 인재가 있으면 신분을 구분하지 않았던 세종은 과학 기술자로서 장영실의 재능을 알아보았고, 장영실의 노비였던 신분을 문제 삼지 않았다.

세종과 세자 이향(문종), 그리고 정인지, 정흠지, 정초, 이순지, 김담, 이천, 장영실 등이 세종의 리더십 아래 한자리에 모였다. 이론 과학자들은 옛 문헌을 통해 천문 이론과 원리를 연구하였다. 기구 설계자들은 이론 과학자들이 밝혀낸 지식을 바탕으로 구조를 설계하였다. 과학 기술자들은 구조 설계안을 실제 기구로 제작하였다. 하늘을 살펴 백성을 이롭게 한다는 공동의 목표 아래 이론 과학자, 기구 설계자, 과학 기술자들 사이에 협력이 이루어지자 놀라운 성과들이 만들어졌다.

세종의 리더십과 과학 인재들의 재능이 서로 만나지 않았다면, 과학 인재들의 뛰어난 재능을 살릴 수 있는 방식으로 통합 프로젝트가 추진되지 않았다면, 프로젝트의 목표가 분명하지 않았다면, 아무리 뛰어난 세종이라고 해도 조선의 과학 기술 분야에서 그렇게 눈부신 성과를 낼 수는 없었을 것이다.

경회루 북쪽 어디쯤, 간의대를 세우다

천문 관측기구 제작 프로젝트에 착수한 그해, 경연 자리에서 세종은 정초, 정인지, 이천에게 간의를 제작하도록 명하였다. 간의는 혼천의의 구조를 간단하게 만든 것으로, 중국 원나라의 천문학자 곽수경이 만든 간의를 참고해 조선의 간의를 만들도록 한 것이다. 간의는 혼천의보다 구조가 복잡하지 않아서 천문을 관측하기에 편리하였다. 하지만 간의도 청동으로 만들어 무거웠기 때문에 장소를 옮겨 사용하기에는 불편했다. 그래서 조선의 과학자

조선의 과학자들은 간의(위)에 이어 보다 작고 편리한 소간의(아래)를 만들었다. 사진의 간의와 소간의는 모두 복원품이다.
© 세종대왕유적관리소

들은 간의에 이어 보다 작고 편리한 소간의를 만들었다. 소간의
는 조선의 창작품이다.

세종은 간의를 설치해 천문을 관측할 수 있도록 호조판서 안순
에게 경회루 북쪽에 간의대를 짓도록 하였다. 다음 해 세종 15년
(1433년), 경회루 뒤쪽에 간의대가 세워졌다. 간의대는 관천대 또
는 첨성대라고도 부른다. 높이 31척, 길이 47척, 너비 32척의 간
의대는 화강암으로 성벽을 쌓듯이 쌓아 만든 것으로 추측된다.

세종은 길이(도)와 부피(량), 무게(형)의 기준도 정비하였다. 천
문기기는 주척(1척 = 20.7cm)을 사용하고, 건축 구조물은 영조척
(1척 = 30.8cm)을 사용하도록 하였다. 만약 간의대를 천문 관측기
기의 일부로 보았다면 주척을 사용했을 것이고, 건축물로 보았다
면 영조척을 사용했을 것이다. 오늘날 간의대의 규모는 영조척을
기준으로 추정하고 있다.

간의대는 조선의 국립천문대라고 할 수 있다. 천문 관측기구들
을 제작하도록 한 세종의 명에 따라 이후에는 간의 외에도 규표,
수격식 혼의, 혼상, 일성정시의, 소간의, 앙부일구를 비롯한 각종
해시계 등의 천문 관측기기들이 설치되었다.

서운관,
천문을 담당하는 관청

서운관은 나라의 천문을 담당하는 관청이다. 예조에 속한 전문 부서로 영의정이 총책임을 맡았다. 조선 서운관은 태조 이성계가 고려의 서운관 제도를 이어받아 운영하도록 하였다. 세종 때 제도가 정비되고 인원도 대대적으로 늘었다. 세조 12년(1466년), 서운관의 이름이 관상감으로 바뀌었다.

서운관에서 하는 일은 천문 관측 활동과 역법 계산, 1년 동안의 천문 관측을 순서대로 기록한 역서 편찬, 일식과 월식의 예보와 구식(일식이나 월식이 있을 때 행하던 의식) 거행 등이다. 이외에도 물시계를 관리하고, 시간을 예보하고, 풍수지리를 연구하고, 나라에서 치르는 모든 의례의 날짜와 시간을 길한 날로 정하는 등의 임무를 수행하였다.

세종은 천문 프로젝트가 마무리되자 간의대를 서운관에 복속시켰다. 그리고 이순지와 김담에게 간의대에서 천문을 관측하는 임무를 맡겼다. 또한 김빈과 최습에게 숙직을 하면서 밤에도 천문을 관측하게 하였다. 서운관의 담당 관리 다섯 명은 번갈아 매일 밤 천문을 관측하고, 기록하고, 보고하였다. 관측 자료들은 조선이라는 나라의 국정을 수행하고 백성을 다스리는 데 활용되었다.

세종과 세자 이향,
간의대에 올라

세종에게 이향(문종)은 믿음직스러운 장남이었고, 장차 왕위를 물려받을 세자였으며, 세종의 뜻을 누구보다 깊이 이해하는 젊은 인재였다. 강우량을 측정하는 쇠로 만든 원통 모양의 기구를 발명한 것도 세자 이향이었다. 세종은 측우기의 크기와 모양을 표준화하고, 빗물의 높이를 재는 자(주척)를 정하여 전국에 보급하였다. 강우 자료를 모두 기록하고, 강수 패턴을 파악하여 자연재해에 대처하도록 하였다. 세종 시기에 만들어진 측우기는 전해지지 않는다. 언젠가 남북 공동 연구가 이루어진다면 어디선가 깜짝 등장할지도 모르는 일이다.

세종은 세자 이향과 함께 간의대에 자주 올랐다. 조선의 하늘을 올려다보며, 이향에게 천문 관측을 가르치기도 하였다. 밤이 되어야 더욱 빛나는 세계가 눈앞에 펼쳐질 때, 두 사람은 조선의 미래에 대해 의견을 주고받았을 것이다.

세종의 명에 따라 원래의 위치에서 북서쪽으로 옮겨진 간의대에서도 지속적으로 천문 관측이 이루어졌다. 또한 세종 이후에도 여러 번에 걸쳐 수리되고 보수되었다. 연산군 때 헐린 적이 있으나 중종 때 다시 세워졌다. 임진왜란을 거치면서 많은 것들이 파괴되었으나 간의대는 화강암으로 만들어진 덕분인지 외형을 유지하며 남아 있었던 것으로 보인다. 그러나 오래 방치되다가 고종 때 경복궁을 다시 지으면서 헐려 볼 수 없게 되었다.

자격루, 조선의 표준시계

해시계는 구조가 간단하고, 설치도 쉽고, 사용이 편리하지만 날씨의 영향을 받는다는 단점이 있었다. 해가 진 뒤나, 비가 오거나 흐린 날엔 시간을 알 수 없었다. 세종은 중국에서 소송이라는 사람이 만들었다는 물시계와 이슬람 물시계에 대해 알게 된 후, 조선의 자동 물시계를 꼭 만들고자 했다.

세종 3년(1421년), 세종은 장영실에게 '중국 베이징에 가서 물시계와 혼천의 등 천문 관측기구의 설계도를 구해 오라'는 특명을 내린다. 다음 해 조선으로 돌아온 장영실은 물시계 제작에 전념하였다.

초기 물시계는 사람이 매일매일 물을 채워주어야 했고, 서운관 담당 관리가 옆을 지키고 앉아 있다가 시간을 읽어 알려야 하는 불편함이 있었다. 사람이 하는 일인지라 예기치 않은 실수도 자주 생겼다. 뒷간에 다녀오거나 졸기라도 해서 시간을 놓치는 경우, 관리들은 중벌을 받았다. 세종은 중벌을 내리긴 했으나, 마음속으로는 관리들의 고충을 하루빨리 덜어주고 싶었을 것이다.

세종 16년(1434년), 마침내 장영실이 자격루를 만들었다. 자격루는 '스스로(自) 타격하는(擊) 물시계(漏)'라는 뜻이다. 자격루는 구조가 매우 정교해 혹시라도 고장이 나지 않도록 세심한 관리가 필요했다. 하지만 사람의 조종 없이도 자동으로 작동되었기 때문에 매우 편리하였다. 장영실이 자동 물시계인 자격루를 완성하기까지 10여 년의 시간이 걸렸다.

보루각,
표준시각을 알려주는 집

자격루가 완성되자 세종은 경회루 남쪽에 세 칸의 전각을 짓게 하고, 그 안에 자격루를 설치하였다. 전각의 이름은 보루각(報漏閣), '표준시각을 알려주는 집'이라는 뜻이었다. 세종은 보루각 자격루를 조선의 표준시계로 지정했다. 경복궁 안에서 자격루가 알리는 시간은 궁궐 담장을 넘어 종루를 통해 백성들의 삶 속으로 전달되었다.

오랜 시간과 노력을 통해 복원
된 자격루는 국립고궁박물관
천문 과학실에서 볼 수 있다.
©국립고궁박물관

오늘날 보루각은 터만 남아 있다. 하지만 자격루를 볼 수 있는 곳이 있다. 조선의 과학자 김돈이 남긴 보루각에 관한 기록을 바탕으로 건국대학교 남문현 교수팀이 자격루를 복원해낸 덕분이다. 오랜 시간과 노력을 통해 복원된 자격루는 국립고궁박물관 천문 과학실에 전시되어 있다.

흠경각, 세종을 위한 천문시계 옥루(玉漏)가 있던 곳

세종 20년(1438년)에는 옥루가 제작되었다. 옥루는 임금을 위해 만든 천문시계로 장영실이 제작하였다. 옥루는 자격루에 혼천의 기능이 더해진 다목적 시계이며 자동으로 작동되었다. 시간과 계절, 절기, 농사일을 알려주기 때문에 쓸모가 많았다. 세종은 궁궐을 벗어나지 않고서도 백성들이 하루하루 살아가는 일상의 흐름을 읽고 살펴 돌볼 수 있게 되었다.

세종은 장영실에게 명하여 천추전 서쪽에 흠경각을 짓게 하고 이곳에 옥루를 설치하였다. 흠경각은 '하늘을 공경하는 집'이면서 '백성들에게 시간을 알려주는 집'이었다.

오늘날 옥루는 남아 있지 않다. 흠경각도 새로 지어진 것이다.

우리에겐 해시계라는 말이 더 친숙하지만, 정확한 이름은 앙부일구이다. 하늘에 채님이 힐끗 솟는 날, 앙부일구 앞에서 집게손가락으로 야무지게 짚어가며 시간과 절기를 읽어내는 사람이 있다면 누구라도 꽤 멋있어 보일 것이다. 스스로를 맘껏 뽐내도 좋다. 만약에 주위 사람들이 시계를 들여다보고는 "에이, 시간이 틀렸네"라고 말해도 절대로 기죽을 필요가 없다. 혹시라도 자신감을 잃고 '앙부일구가 옛날에 만들어졌으니 시간이 정확하지 않을 거야'라고 생각해버린다면 세종을 뵐 면목이 없어질 것이다.

앙부일구는 '지금 여기'의 시간을 알려준다. 오늘날 우리가 사용하는 시계 속 시간(한국 표준시)은 동경 135도를 기준으로 사람이 약속으로 정한 시간이다. 그래서 앙부일구의 시각과 우리가 보는 시계가 가리키는 시각은 차이가 있다.

앙부일구는 해그림자로 시간과 절기를 읽는다. 해그림자를 만드는 바늘을 '영침'이라고 하는데, 영침은 앙부일구의 남쪽에 있고 한양의 위도만큼 기울어져 있다. 그렇다면 당시에 한양의 위도를 알고 있었다는 얘기일까? 물론이다. 앙부일구 남쪽에는 한자로 이렇게 새겨져 있다. '漢陽北極高弍十七度弍十分'. 한글로 읽으면 '한양북극고삼십칠도이십분'이다. 말 그대로 한양의 위도(북극고도)는 삼십칠도이십분이라는 뜻이다.

앙부일구의 바닥면에는 가로선과 세로선이 있다. 세로선은 시간을 나타낸다. 묘시(오전 5시~오전 7시)부터 유시(오후 5시~오후 7시)까지 표시되어 있다. 영침이 가리키는 그림자의 위치를 찾아 세로선에 맞추어 시간을 읽는다. 가로선은 24절기를 가리킨다. 그림자의 위치를 찾아 가로선을 따라가면 절기를 알 수 있다. 앙부일구의 가장 바깥쪽 평평한 부분에 절기가 순서대로 표시되어 있다. 동쪽에는 위에서 아래 방향으로 동지-소한-대한-입춘-우수-경칩-춘분-청명-곡우-입하-소만-망종-하지가 표시되어 있다. 서쪽에는 아래에서 위의 방향으로 하지-소서-대서-입추-처서-백로-추분-한로-상강-입동-소설-대설-동지까지

해시계라는 말이 더 친숙하지만, 정확한 이름은 앙부일구이다.

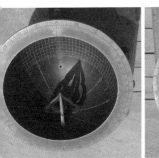

표시되어 있다. 이것은 동지에서 하시에 이르면서 그림자 길이가 점점 짧아지고, 하지에서 동지로 가면서 그림자 길이가 점점 길어지는 특성을 반영한다. 저 하늘에 태양이 떠 있는 한 앙부일구는 오늘도 작동을 멈추지 않는다.

궁궐 밖에 놓인 공중시계

세종은 혜정교 근처와 종묘 남쪽에 앙부일구를 설치하게 하였다. 이곳은 사람들의 왕래가 많아서 앙부일구가 공중시계의 역할을 톡톡히 하였다. 혜정교는 어디쯤 있었을까? 오늘날 광화문 교보빌딩, 종로에서 교보문고로 통하는 입구 근처에 소설가 염상섭이 벤치에 다리를 꼬고 앉은 동상이 있다. 그 옆에 나란히 앉아 앞을 비스듬히 바라보면 바로 그곳에 '혜정교 터' 표지석이 있다.

세종은 글자를 모르는 백성들도 쉽게 시간을 알 수 있도록 앙부일구에 12지신에 속하는 열두 동물을 그려 넣어 시각을 표시하게 하였다. 그러나 안타깝게도, 세종 때 만들어진 앙부일구는 남아 있지 않다. 지금 남아 있는 것은 조선 후기에 만들어진 것들이다.

1437년에는 한꺼번에 많은 시계들이 등장하였다. 그중에서도 일성정시의(日星定時儀)는 해(日)와 별(星)을 모두 읽을 수 있는 시계였다. 그래서 낮에는 해, 밤에는 별을 통해 낮과 밤의 시간을 모두 측정할 수 있었다.

그 외에 현주일구, 천평일구, 정남일구처럼 간편하게 휴대할 수 있는 해시계들도 다양하게 만들어졌다. 특히 정남일구는 나침반이 없어도 남쪽 방향을 알 수 있고 절기와 시간을 동시에 알 수 있었다. 해시계는 대부분 바닥 부분에 홈을 파고, 여기에 물을 부어 평형을 유지하거나 움푹 들어간 못을 두어 나침반을 띄우고 방향을 조절하였다.

조선의 역법을 갖추라, 『칠정산 내편』과 『칠정산 외편』

세종은 조선의 역법을 만드는 과제도 추진하였다. 역법은 일종의 천문 계산법(천문 계산술)이다. 이는 천체의 주기적인 운동을 살피고 예측하여 인간이 시간과 관련된 생활을 때에 맞게 합리적이고 주도적으로 통제할 수 있게 시간의 단위를 만드는 법칙이다. 역법을 만드는 과제를 추진할 만큼 조선의 산학(수학) 수준이 높았다는 사실을 짐작할 수 있다.

조선은 매년 동지를 즈음해 닝나라에 동지사를 보냈고, 명나라에서 제작한 중국 달력을 받아 조선의 달력으로 사용하였다. 하지만 북경과 한양은 경도와 위도가 서로 달라서 명나라 달력은 조선에 잘 맞지 않았다. 세종은 그동안 제작한 간의, 혼천의, 규표, 앙부일구, 자격루 등 여러 천문 관측기구들로 천체를 관측하고 기록하며 축적한 경험과 지식을 활용해 한양을 기준으로 역법을 만드는 작업을 추진하였다.

그렇게 세종 26년(1444년)에 완성된 조선의 역법이 바로 『칠정산』이다. '칠정'은 해와 달과 다섯 개의 행성인 목성, 화성, 토성, 금성, 수성이다. 『칠정산』은 한양을 기준으로 이 행성들의 위치를 계산할 수 있는 독자적인 천문 계산법이다. 『칠정산』은 내편과 외편으로 나뉘어 있다. 『칠정산 내편』은 중국 원나라 곽수경이 만든 수시력과 명나라의 대통력을 한양의 위도에 맞게 다시 계산한 것이고, 『칠정산 외편』은 이슬람의 역법인 회회력을 기본으로 만든 것이다.

『칠정산』에는 백성들에게 정확한 시간과 절기를 알려주고자 했던 세종의 간절한 마음이 담겨 있다. 세종은 조선의 달력을 만들어 널리 보급하였다. 『칠정산』은 이후 1654년(효종 5년)에 서양 천문학 이론을 바탕으로 한 청나라의 『시헌력』이 도입되기 전까지 200년에 걸쳐 변함없이 사용되었다.

1392년 조선이 세워졌다. 태조 이성계는 조선이라는 나라의 정당성을 확보하고, 자신이 왕으로서 하늘의 명을 받았음을 천하에 드러낼 수 있는 확고한 명분이 필요했다. 태조에게는 석각 천문도 탁본이 한 장 있었다. 고구려 평양의 하늘에서 관찰된 별자리들로 만들어진 천문도였다. 조선이 고구려를 계승하였고, 앞으로 새로운 정치를 펼칠 것이라는 의지와 권위를 드러내기에 더할 나위 없었다. 그런데 탁본의 상태가 좋지 않았다. 무엇보다 천문도의 별자리가 조선의 별자리와 달랐다.

양촌 권근의 총지휘 아래 천문도를 수정하고 보완하는 일이 추진되었다. 고려 서운관의 마지막 책임자였던 류방택이 천문을 계산하는 임무를 맡았다. 류방택은 천문도 중앙에 위치한 별들, 즉 북극성 주위를 도는 별들을 관측하여 한양을 기준으로 별자리의 위치를 다시 계산해냈다.

천문도는 태조 4년(1395년)에 완성되었다. 조선 천문도는 '천상열차분야지도'라는 이름을 얻었다. 태조는 조선 천문도가 앞으로 없어지지 않도록 돌에 새길 것을 명하였다. 그 돌에는 천문도를 제작하게 된 유래와 작업에 참여한 열두 명의 이름도 함께 새겨 넣었다.

천상열차분야지도는 가로 122.5cm, 세로 211cm, 폭 12cm(또는 11.8cm)의 검은 돌에 새겨진 식각 천문도이다. 천상열차분야지도라는 이름은 '하늘의 별과 별자리를 차와 분야로 펼쳐 배열해놓은 그림'이라는 뜻이다. '차'는 전통적으로 하늘의 구역을 구분하는 방법이다. 열두 영역을 12차로 나누어 배열하는데, 각각 황도 12궁에 대응한다. '분야'는 차에 대응하는 땅의 구역이다. 천문도에는 각 '차'와 차에 해당하는 '분야'가 짝을 이루어 전체적으로 12차가 배열되어 있다.

천문도의 위쪽을 보면 작은 원이 있다. 천(天)이라는 글자를 중심으로 24절기가 배치되고, 각 절기를 판단하는 데 기준이 되는 별자리의 이름이 있다.

천문도 중앙에 있는 큰 원은 천문 관측이 가능한 하늘의 경계를 표시한다. 가장 바깥 테두리에

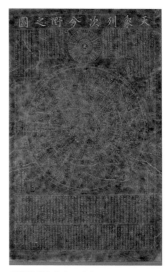

천상열차분야지도 각석. ©국립고궁박물관

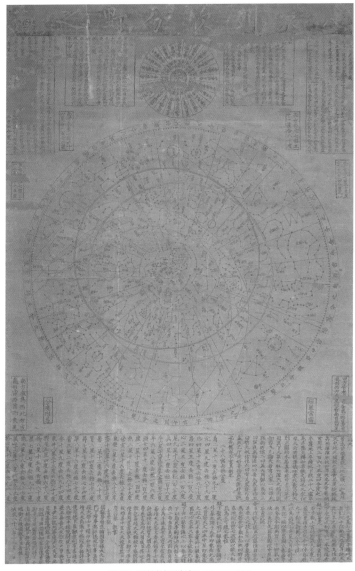

목판본 천상열차분야지도. ©국립고궁박물관

는 12지(자축인묘진사오미신유술해)로 방위를 표시하고, 12차를 배열하였다. 테두리 안쪽에 있는 작은 눈금 하나는 원을 태양의 1년 주기인 365와 1/4일로 나눈 것으로, 천체가 하루 동안 이동하는 도수를 나타낸다. 큰 원에는 전체적으로 스물여덟 개의 선이 바큇살처럼 그려져 있다. 바큇살 사이의 간격은 28수의 각 대표 별자리 위치를 기준으로 구분한 것이라서 일정하지 않다. 28수는 별의 위치를 측정할 때 기준이 된다. 큰 원의 안쪽에 있는 두 개의 원은 황도와 적도를 나타낸다. 여기에 은하수가 가로지른다.

천상열차분야지도에서 하늘의 영역은 세 부분으로 구분된다. 자미원은 왕이 있는 궁궐 영역이고, 태미원은 신하들이 있는 궐내각사 영역이며, 천시원은 백성들이 사는 영역이다. 각각의 별자리에서 일어나는 하늘의 현상들은 거기에 속한 인간의 삶에 영향을 준다고 인식하였다. 별자리는 293개로 28수의 별 1,467개가 새겨져 있다. 이는 우리나라에서 1년 사계절에 걸쳐 볼 수 있는 밝은 별들을 전부 표시한 것이다. 별이 밝은 정도에 따라 크기를 다르게 그린 것이 특징이다.

혼천의,
하늘 무늬를 읽다

기록으로 보는 첫 혼천의는 세종 14년(1432년)에 정인지와 정초 등이 세종의 명을 받아 이론을 탐구하고, 이천과 장영실 등이 세종 15년(1433년) 6월에 제작한 것이다.

혼천의는 '하늘이 공처럼 둥글다'는 혼천설에서 유래하였다. 육안으로 천체의 운행과 위치를 측정하는 천문 관측기구로, 기원전 2세기경에 만들어졌고, '선기옥형' 또는 '기형'이라고도 불렀다. 혼천의는 처음에는 대나무로, 이후에는 구리로 만들었다. 얼핏 굴렁쇠 여러 개가 겹겹이 겹쳐 있는 것처럼 보이는 구조이다. 크게 사유의, 삼진의, 육합의 이렇게 세 부분으로 되어 있다.

사유의는 천체의 운동을 직접 관측하는 기기이다. 측정하고자 하는 대상을 찾아서 특정 시각에서의 위치를 천구상의 좌표로 구하거나 특정 위치를 통과하는 시각을 측정한다. 삼진의는 28수 별자리가 새겨져 있고 가장 밝은 별인 수거성의 위치를 찾는 데 이용한다. 수거성은 별의 방향이 동서로 어느 쪽인지를 측정하는 기준이다. 황도환과 백도환이 있어 해와 달도 관측할 수 있다. 육합의는 지평환, 자오환, 적도환으로 구성된다. 육합은 동서남북의 사방과 상하를 말한다. 광대한 우주 공간을 상징한다.

혼천의는 둥근 모양의 구조물을 올려놓을 수 있게 받침을 두었다. 받침은 십자형으로 단순하게 만들거나, 네 곳에서 받치는 기둥에 용을 장식하여 화려한 형태를 갖춘 것도 있다.

지폐 속 혼천의, 혼천시계가 품었어라

세종 이후에도 혼천의는 지속적으로 만들어졌다. 혼천의라는 이름은 변하지 않았지만 혼천의의 구조는 계속해서 개량되며 발전을 거듭하였다.

오늘날 혼천의에는 크게 두 종류가 있다. 하나는 혼천의 자체이고, 또 하나는 혼천시계의 일부를 구성하는 혼천의다. 혼천시계는 혼천의와 구분하기 위해 사용하는 이름이다. 혼천시계의 혼천의는 시계 장치와 연결하기 위한 태엽이 있고, 안쪽에 지구의가 있다. 지구의가 있으면 천체를 관측하기 어렵기 때문에 관측에는 사용되지 않았다는 것을 짐작할 수 있다.

현종 10년(1669년), 관상감 천문학자 송이영이 멋진 혼천의를 제작하였다. 관상감에서 제작되었고, 홍문관에 설치된 송이영의 혼천의는 혼천의와 서양의 자명종(괘종시계)의 톱니바퀴, 그리고

두 개의 추가 움직이는 힘으로 작동되었다. 이 기구는 혼천의와
구분하여 혼천시계로 불렸고, 조선을 대표하는 혼천의가 되었다.

　만 원권 뒷면에 있는 혼천의가 바로 이 혼천시계의 일부를 구성
하는 혼천의다. 잘 보면 태엽과 지구의가 있다. 지폐의 정해진 크
기에 맞추면서 디자인의 멋을 살려야 했기에 혼천의 부분만을 가

만 원권 뒷면에 있는 혼천의는 이 혼천시계의 일부를 구성하는 혼천의다. ©문화재청

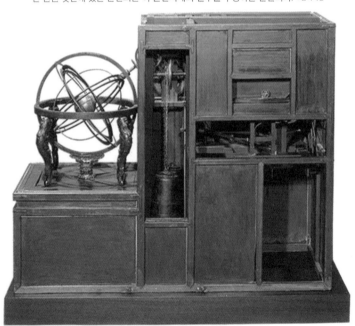

져왔겠지만, 혼천의의 진정한 가치는 혼천시계 전체를 보아야 느낄 수 있다.

세종의 하늘은
우리의 하늘로 이어지고

오늘날 우리 역사 속에서 전통 천문 과학을 연구하는 사람들이 있다. 그들은 햇빛에 반짝이는 유리 조각처럼 전해지는 단서와 흔적들을 찾아냈고, 과학 문화재라는 이름으로 다시 살려내기도 했다. 그 덕분에 이미 사라진 줄 알았던 조선의 천문 관측기구들이 하나둘 복원될 수 있었고, 간의대의 위치와 구조, 규모들도 서서히 밝혀지고 있다. 언젠가 경복궁 안에 간의대가 모습을 드러내는 날을 기대해본다.

전통을 잇는다는 것은 옛것을 그 모습 그대로 지키는 일에만 그치지 않는다. 전통의 가치와 정신이 우리 시대와 새롭게 만나 꽃을 피우고 결실을 맺고 발전되어야 전통을 잇는다고 할 수 있다. 전통은 창조를 통해 이어진다. 과학 유산은 유물 그 자체로서도 소중하지만 당시의 시대정신과 가치를 품고 있기 때문에 더욱 의미가 있다.

1996년 4월, 경상북도 영천시 보현산에 국립보현산천문대가 설립되었다. 보현산천문대는 지름 1.8m의 광학 천체망원경을 보유하고 있는 곳이다. 우리는 천체망원경 저 너머 무엇을 바라보고 있을까? 왜 바라보고 있을까?

만 원권 뒷면에는 펼쳐진 천상열차분야지도 위로 혼천의와 천체망원경이 마치 천문도 속 우주를 향하고 있는 것처럼 놓여 있다. 혼천의가 천체망원경보다 더 크고 당당하게 그려졌다. 세종은 하늘을 살펴 백성을 이롭게 하고자 하였다. 그리하여 조선의 천문 과학을 눈부시게 발전시켰다. 과학의 성과들은 나라를 다스리는 정치 철학과 통합되었고, 애민 정치로 펼쳐졌다. 새 나라의 기틀을 바르게, 튼튼하게 세우는 일에 천문 과학은 든든한 힘이 되어주었을 것이다.

지폐 앞면에는 세종의 인자한 얼굴 옆으로 용비어천가의 몇 구절이 일월오봉도 위로 흘러내리듯 적혀 있다. 훈민정음을 창제한 세종은, 훈민정음으로 용비어천가를 지었다. 조선이라는 나라가 앞으로 오래오래 무궁하게 발전하기를 바라는 마음을 노래에 담았을 것이다. 뿌리 깊은 나무가 바람에 흔들리지 않고 찬란한 꽃을 피워 많은 열매를 맺는 것처럼, 샘이 깊은 물이 가뭄에도 마르지 않고 내를 이루어 바다로 흘러가는 것처럼, 조선이 그런 나라가 되기를 바랐을 것이다.

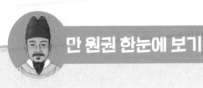

일월오봉도 ❶   ❷ 용비어천가

❶ 일월오봉도

덕수궁 중화전의 일월오봉도는 고종 때 어진(임금의 초상화)을 그리는 화가인 전수묵과 윤석영이 그린 것으로 전해진다. 이 일월오봉도는 유일하게 제작 시기와 제작자가 분명히 알려진 그림이기도 하다. 일월오봉도는 궁중 미술에 머물지 않고, 오늘날 우리 그림인 민화로 이어져 내려온다.

❷ 용비어천가

훈민정음으로 쓴 최초의 작품이자 노래이다. 세종 29년(1447년)에 간행되었으며 총 10권, 125장으로 되어 있다. 조선의 창업을 높이 기리고, 조선이 후대에 오래오래 이어지기를 기원하는 내

③ 혼천의

⑤ 보현산천문대 천체망원경

④ 천상열차분야지도

용이 담겨 있다. 우리나라 최초의 국문 시가로서 중요한 가치가 있다. 2006년에 보물 제1463호로 지정되었다.

③ 혼천의

만 원권 뒷면에 있는 혼천의는 혼천시계의 일부를 구성하는 혼천의다. 세종 이후에도 혼천의는 지속적으로 만들어졌으며 그 구조 또한 계속해서 개량되며 발전을 거듭하였다. 자세한 내용은 50~52쪽에 설명되어 있다.

④ 천상열차분야지도

천상열차분야지도 각석은 국보 제228호로 현재 국립고궁박물관이 소장하고 있다. 중국 남송 시대에 제작된 순우천문도(1247년)에 이어 세계에서 두 번째로 오래된 것이다. 천상열차분야지도는 평양 숭실학당에서 수학과 과학 교사로 근무하고 연희전문학교에서 천문학을 가르친 미국 힉자 칼 루퍼스(W. Carl Rufus)가 1936년 『한국 천문학』이란 책을 발표하면서 세계에 알려졌다. 우리나라에서는 과학 문화재를 발굴하고 국보로 지정되도록 평생을 바친 과학사학자 전상운의 노력으로 1985년에 국보로 지정되었다.

❺ 보현산천문대의 보물, 천체망원경

우리나라 최초의 연구용 망원경은 1978년에 만들어진 충북 단양 소백산천문대의 소백산망원경(지름 61cm)이다. 1996년, 경북 영천 보현산천문대에 우리나라 최대의 광학망원경(지름 1.8m)이

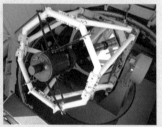

보현산천문대 천체망원경.
©한국천문연구원

설치되었다. 한국천문연구원은 국내 연구원이 새로 발견하는 소행성들에 우리나라를 빛낸 과학자들의 이름을 붙여 헌정하고 있다. 그렇게 헌정된 별에는 이천별, 장영실별, 이순지별, 홍대용별, 류방택별, 이원철별 등이 있다.

➕ 경기도 여주시 능서면, 영릉

영릉은 세종대왕릉으로 세종과 소헌왕후의 합장릉이다. 영릉으로 가는 진입로에 세종 시대를 빛나게 열었던 다양한 천체 관측 기구들이 복원 전시되어 있다. 야외 과학 전시관이라고 해도 좋다. 최근에 진행 중인 유적종합정비공사(~2020년 9월 30일)가 마무리되면 가까이에서 찬찬히 둘러보며 세종과 전통 천문 과학을 돌아보기에 좋을 것이다.

세종대왕과 소헌왕후의 합장릉인 영릉은 경기도 여주시에 있다. ©세종대왕유적관리소

➕ 전통 천문학과 현대 천문학 사이엔 강이 흐른다

전통 천문학은 나라에서 주도한 국가 천문학이었고, 백성들의 생활에 이로운 실용성이 매우 중요했다. 1654년(효종 5년), 서양 천문학에 바탕을 둔 시헌력이 반포되었고 정조 때에 이르러 시헌력을 기반으로 한 국가 천문학이 완전해졌다. 한편, 서양 천문학이 지적 탐구를 위한 필수 지식으로 인식되면서 전문가 수준으로 천문학과 수학을 연구한 유학자 지식인들이 등장했다. 남병철 · 남병길 형제와 홍대용 등은 조선의 유학자들이 도달한 전통 천문학의 최고 수준을 보여준다. 그러나 1907년, 일제에 의해 대한제국 관상소가 폐지되고, 1910년에 조선총독부 관측소가 설립되면서 전통 천문학의 맥이 끊겼다.

한 발짝 더 들어가보기

「서시(序詩)」

윤동주

죽는 날까지 하늘을 우러러
한 점 부끄럼이 없기를,
잎새에 이는 바람에도
나는 괴로워했다.
별을 노래하는 마음으로
모든 죽어가는 것을 사랑해야지.
그리고 나한테 주어진 길을
걸어가야겠다.

오늘 밤에도 별이 바람에 스치운다.

하늘엔 바람과 별이 있고, 우리에겐 하늘과 바람과 별을 노래한
시인이 있다. 윤동주의 「서시」를 읽다 보면 문득 이렇게 묻고 싶
어진다.

- 당신에게 '하늘'은 무엇인가요?
- 그 '하늘'은 일상 속에서 어떤 의미가 있습니까?

퇴계 이황

마음공부에 평생을 바치다

한 방울 한 방울의 물방울이 모여
끝내 바다를 이루듯
꾸준히 공부하여 뜻을 이루라.

퇴계 이황(1501~1570)

1501년(연산군 7년), 안동 예안현 온계리(오늘날 안동시 도산면 온혜리)에서 진사 이식과 춘천 박씨 사이에서 막내아들로 태어났다. 태어난 지 7개월 만에 아버지를 여의고 홀어머니의 보살핌 속에서 자랐다. 34세에 벼슬길에 올라 홍문관, 승문원, 경연, 춘추관, 성균관 등에서 여러 관직에 임명되었으나 수시로 사직하고 고향인 도산으로 돌아갔다. 60세에 도산서당을 짓고 후학을 양성했다. 한편, 성리학을 가르치고 배울 수 있는 서원을 세우는 일에도 힘썼다. 선조에게 『성학십도』를 지어 올렸다. 온화하면서도 엄격했고, 도덕적으로 모범이 되는 삶을 살고자 평생 노력했다. 1570년(선조 3년), "매화에 물 주어라"라는 말을 남기고 세상을 떠났다. 퇴계 이황의 학식과 덕행을 기리기 위해 제자들은 도산서당 뒤로 서원을 지었고, 선조가 '도산서원'이라는 사액을 내렸다.

#청량산
#매화나무
#노송정 종택
#성학십도
#성균관
#도산서당
#투호
#도산서원
#마음공부

청량산을 사랑한
청량 도인

퇴계는 청량산을 특히 좋아하였다. 젊은 시절 청량산에서 과거 공부를 한 적이 있고, 제자들과도 여러 번 청량산에 올랐다. 관리로서 몸은 한양에 있을 때에도 스스로를 '청량 도인'이라고 부를 정도였다. 청량산은 아주 높은 산은 아니지만 경사가 무척 가파르다. 산을 오르면서 자주 발걸음을 멈추고, 거친 숨을 가다듬게 된다. 걸음이 차분해지면 주변 숲도 돌아보게 되고 산새들의 소리에도 귀가 열린다. 퇴계는 산을 유람하는 것은 글을 읽는 것과 같다고 시로 읊었다.

퇴계는 「청량산가」를 남겼다.

청량산 열두 봉우리를 아는 이 나와 흰 갈매기뿐
흰 갈매기야 말하겠느냐 못 믿을 것은 복숭아꽃이로다
복숭아꽃아 물 따라가지 마라 배 타고 고기 잡는 이 알까 두렵나

「산을 바라보며」 역시 청량산을 노래한 것이다.

어느 곳인들 구름 낀 산이 없겠는가
하지만 청량산이 더욱 맑고 절묘하다네
정자에서 날마다 바라보고 있노라면
맑은 기운이 사람의 뼛속까지 들어오네

청량산이 아닌
도산에 터를 잡다

서당을 짓겠다고 마음먹었을 때부터 퇴계는 늘 청량산을 염두에
두었다. 훗날 벼슬에서 물러난 퇴계는 청량산에 한 달쯤 머물면
서 서당을 지을 터를 구하러 다녔다. 그런데 막상 서당을 지으려

고 하니 이미 나이가 들어버렸다. 청량산은 늙은 몸을 이끌고 오르내리기엔 너무 힘에 부치는 산이었다. 또 다른 이유도 있었다. 산에는 물이 있어야 음양이 조화로운 법인데 청량산에는 물이 부족하였다.

퇴계는 청량산이 아닌 도산 남쪽에 서당 터를 마련하였다. 훗날 그곳에 도산서당을 짓고, 스스로를 '도산 노인'으로 칭하였다. 『도산잡영』과『도산십이곡』은 도산 노인이 도산에 사는 즐거움을 노래한 것이다.

도산면 노송정 종택,
인생의 시작점

퇴계는 1501년(연산군 7년), 안동 예안현 온계리(오늘날 안동시 도산면 온혜리)에 있는 노송정 종택에서 태어났다. 이 집은 1454년에 퇴계의 할아버지 이계양이 지었다. 노송정은 사랑채의 이름이면서 계양공의 호이다. 노송정이 자연스럽게 이 집의 이름이 되었다.

퇴계의 할아버지 계양공은 퇴계가 태어나기 전에 세상을 떠났다. 계양공이 관직에 있을 때 단종이 폐위되는 사건이 일어났고 그즈음 뜰에 만년송을 심었다. 계양공은 매일 소나무를 보며 임

퇴계는 안동에 있는 노송정 종택에서 태어났다. 1454년에 퇴계의 할아버지 이계양이 지은 집이다.

금에 대한 충절을 되새겼다고 한다. 단종이 노산군으로 강등되어 강원도 영월로 유배를 가고, 세조가 왕위에 오르자 벼슬을 마다하고 고향으로 내려왔다.

노송정 종택 대문은 '성인이 오신 문'이라는 뜻에서 '성임문(聖臨門)'이라는 이름을 가지고 있는데, 이는 퇴계의 어머니가 어느 날 공자가 집 안으로 걸어 들어오는 꿈을 꾸고 나서 지은 것이다. 사랑채 왼쪽으로 있는 'ㅁ'자형의 안채에 퇴계가 태어난 방이 있다. 퇴계 태실은 'T'자의 아랫부분처럼 안채 마당을 향해 툭 돌출되어 있어, 방과 그 방을 마주하고 선 사람의 얼굴이 거의 닿을 듯 가깝게 느껴지기도 한다.

막내아들,
아버지를 일찍 여의다

퇴계의 아버지는 진사 이식이고 어머니는 춘천 박씨이다. 아버지 이식은 첫 부인 의성 김씨와 2남 1녀를, 춘천 박씨와는 4형제를 두었다. 퇴계는 6남 1녀 중 막내아들이었다.

퇴계의 아버지는 진사시에 합격하고 얼마 되지 않아 40세의 나이로 세상을 떠났다. 퇴계가 태어난 지 7개월 만이었다. 첫째만 겨우 장가들었고, 다른 자식들은 모두 어렸다. 젊은 나이에 과부가 된 춘천 박씨는 홀로 7남매를 키워냈다. 혹시라도 아들이 아버지의 빈자리로 인해 공부를 게을리하거나, 비뚤어진 길을 가지 않을까 노심초사하였다. 기회가 있을 때마다 어머니는 아들에게 공부에 더욱 힘쓸 것을 거듭 당부하였고, 아들은 어머니의 기대를 저버리지 않기 위해 공부에 더욱 매진했다.

퇴계는 어릴 때 이웃 노인에게 천자문을 배웠다. 열두 살 무렵 작은아버지 송재 이우가 안동 부사로 부임하였다. 송재는 퇴계의 공부에 큰 영향을 끼쳤다. 스승으로서 송재는 몹시 엄한 편이었다. 『논어』를 배울 때, 퇴계가 틀린 곳 하나 없이 암송을 하는데도 송재는 결코 칭찬하는 법이 없었다고 한다. 퇴계는 평생 학문을 함에 있어서 긴장을 늦추지 않았다.

혼인,
가정을 꾸리고 가장이 되다

퇴계는 스물한 살에(1521년) 허씨 부인에게 장가들었다. 허씨 부인은 두 아들을 남기고 일찍 세상을 떠났다. 큰아들 이준이 다섯 살, 작은아들 이채는 태어난 지 겨우 한 달이 지났을 때였다.

퇴계는 서른 살에 권씨 부인과 재혼했다. 권씨 부인은 안동 권씨 권질의 딸이다. 명문가였으나 사화의 소용돌이에 휘말려 집안이 크게 화를 입었다. 어린 시절에 집안 어른들이 귀양살이를 가고, 형벌을 받고 끝내 죽는 일을 겪으며 권씨 부인의 마음에는 깊은 상처가 남았다.

권씨 부인은 종종 주변 사람들을 당황하게 했다. 어느 날 제사를 지내기 위해 집안사람들이 모두 모여 있는데 권씨가 아무렇지 않게 손으로 음식을 집어 먹었다. 그 모습을 본 집안 어른들은 매우 못마땅해하며 혀를 끌끌 찼다. 그러나 퇴계는 권씨를 탓하지 않고 감싸주었다. 또 한번은 이런 일도 있었다. 어느 날 입궐을 앞둔 퇴계가 부인에게 옷을 꿰매달라고 부탁하고는 잠시 자리를 떴다. 돌아와서 보니 흰 옷에 빨간 천이 덧대어 꿰매져 있었다. 하지만 퇴계는 아무렇지도 않다는 듯이 그 옷을 입고 집을 나섰다.

퇴계의 작은아들 이채는 젊은 나이에 세상을 떠났다. 혼인은 하였으나 자식은 없었다. 퇴계는 며느리가 젊은 나이에 자식도 없이 남편을 먼저 떠나보내고 앞으로 어찌 살지 안쓰러웠다. 며느리를 보며 홀로 갖은 고생으로 자식들을 키우느라 평생을 보낸 어머니의 삶이 겹쳐지기도 했을 것이다. 나라에서는 과부의 재혼을 금지했지만 백성들 사이에서는 재혼 풍습이 있었다. 유학자였고 나라의 녹을 먹는 관리로서 퇴계는 고민하지 않을 수 없었다. 결국 퇴계는 며느리가 새 삶을 살아갈 수 있게 길을 열어주었다. 대신 가족이라는 인연의 끈은 냉정하게 끊어냈다.

인생의 선택, 학문과 벼슬 사이에서

퇴계는 학문에 힘쓸 뿐 벼슬길에는 나아가고 싶지 않았다. 하지만 홀로 힘겹게 자신을 키운 어머니에게 효도를 다하는 것이 자식 된 도리였고, 가정을 꾸렸으니 가장으로서 집안을 돌봐야 할 책임도 있었다. 과거에서 세 번이나 고배를 마신 퇴계는 서른네 살에 문과에 급제하였다.

퇴계는 연산군, 중종, 인종, 명종, 선조 초기를 살았는데, 이 시기 동안 네 번의 사화(선비들이 화를 입은 사건)가 일어났다. 무오사화(1498년)는 퇴계가 태어나기 전에 일어났고, 갑자사화(1504년)와 기묘사화(1519년)는 퇴계가 아직 어리거나 관직에 오르기 전이어서 직접 영향을 받지는 않았다. 그렇더라도 시대가 품고 있는 분위기에서 자유로울 수는 없었을 것이다.

을사사화(1545년)는 명종이 왕위에 오르던 해에 일어났다. 명종의 외척인 소윤파 윤원형은 인종의 외척인 대윤파 윤임 일파를 제거하였다. 을사사화의 무자비한 폭풍 속에서 퇴계는 친형 이해를 잃었다. 거센 피바람에 선비들은 뿌리째 뽑힌 나무처럼 나가떨어졌다. 개혁 정책들은 산산이 부서졌고, 많은 선비들이 유배를 가거나 목숨을 잃었다. 퇴계는 사화를 겪으면서 경전에서 가르치는 군자와 소인에 대해 뼈저리게 경험했다.

퇴계는 중앙 정치에 깊은 회의감이 들었다. 벼슬이 높아지고 중요한 관직을 맡게 되어도 전혀 기쁘지 않았다. 자신의 신세가 새장 속에 갇힌 새 같았다. 그럴 때면 아직 학문이 부족한 상태에서 관직에 올랐다는 자괴감마저 들었다.

퇴계는 조정에서 부르면 벼슬에 나갔지만, 얼마 지나지 않아 사직하고 벼슬에서 물러나기를 반복했다. 그런 탓에 숲속에 숨어 살려는 '산새'라거나, 사회적인 책임에는 등 돌리고 자기만 아는 학자라고 주위에서 비아냥거리는 소리를 들어야 했다. 퇴계는 고향으로 돌아가 부족한 학문을 완성하고, 후학을 양성하겠다는 마음을 굳히기에 이른다. 퇴계는 말년에 지방 수령직을 청하였다. 풍기군수와 단양군수를 지냈고 벼슬길에서는 점점 멀어졌다.

군자는 군자의 마음이 있고, 소인은 소인의 마음이 있다

인간은 선한 존재인가, 악한 존재인가. 맹자에 따르면 인간의 본성은 선하다. 맹자는 성선설의 근거로 '사단'이라는 개념을 제시하였다. 네 가지 마음의 실마리 또는 마음의 새싹을 사단이라고 한다. 사단은 인(仁), 의(義), 예(禮), 지(智)의 마음이다.

맹자의 사단설에 따르면 사람에게는 가엾게 여기는 마음인 측은지심(인)이 있고, 부끄러움을 아는 마음인 수오지심(의)이 있고, 양보할 줄 아는 마음인 사양지심(예)이 있고, 옳고 그름을 판단할 줄 아는 마음인 시비지심(지)이 있다. 사람이 사람다운 것은 사랑할 줄 알고, 정의로울 줄 알고, 예의를 지킬 줄 알고, 옳고 그름을 판단할 줄 알기 때문이다. 사람은 태어날 때부터 사단의 마음을 갖고 태어난다. 인간은 선한 본성을 가졌으므로 선하다고 보았다.

그런데 퇴계가 보기에 모든 인간이 선하지는 않았다. 바른 선비들이 화를 입고, 권력을 쥐고 흔드는 훈구파들이 득세하는 상황을 도대체 이떻게 받아들여야 할까. 그래서 퇴계는 사람의 마음은 처음부터 두 갈래가 있다고 보았다. 한 갈래는 사단이 주도하고, 또 한 갈래는 칠정이 주도한다. 칠정은 인간이 지닌 일곱 가지 감정이다. 기뻐하고, 화내고, 슬퍼하고, 두려워하고, 사랑하고, 미워하고, 욕심내는 마음이다. 이는 희(喜), 노(怒), 애(哀), 락(樂) 네 가지로 표현되기도 한다. 누구에게나 있고, 배우지 않아도 아는 마음이다.

퇴계는 선한 본성을 꾸준히 갈고닦아가는 군자에게는 군자의 마음이 있고, 세상의 욕망과 절제되지 않은 감정에 휘둘리는 소인에게는 소인의 마음이 있다고 보았다. 군자는 소인을 멀리하지만 미워하지 않는다. 다만 엄격하게 대할 뿐이다.

퇴(退),
물러날 뿐 피하지는 않겠다

경상북도 안동시 도산면 토계리 상계마을에 퇴계 종택이 있다. '토계'는 '토끼 계곡' '토끼 골'이라는 뜻이다. 퇴계는 토계를 퇴계로 바꾸고, 자신의 호로 삼았다. '퇴(退)'는 '물러나다'라는 뜻이다. 언젠가 벼슬에서 물러나 향촌으로 돌아가겠다는 퇴계의 결연

한 의지와 향촌에서 학문을 수양하고 젊은 인재들을 양성하겠다는 굳은 다짐이 담겼다.

퇴계는 선비 건축가라고 불러도 될 만큼 직접 집을 설계하고 지었다. 양진암(養眞庵)은 퇴계가 처음 지은 집이다. 이름 그대로 '참된 것을 기르는 집'이다. 오늘날 하계마을이 있는 백운로 삼거리에는 그곳이 양진암의 옛터라는 사실을 알리는 비석이 남아 있다. 이곳은 퇴계의 묘소와도 가깝다. 퇴계의 손자인 동암 이영도와 그의 아들 이기가 지은 동암고택은 안동댐이 생기면서 이곳으로 옮겨 왔다.

한서암(寒棲庵)은 퇴계가 50세에 지은 집이다. '세상을 벗어나 산속에 가난하게 거처하는 집'이라는 이름 뜻 그대로 띠풀을 엮어 이엉을 얹고 짚자리와 갈대를 깔았다. 퇴계는 이 집에서 낮에는 밭을 갈고 밤에는 책을 읽는 즐거움을 누렸다. 그즈음 본격적으로 주자학(성리학)을 연구하기 시작했다.

계상서당은 51세에 풍기군수를 사직하고 고향으로 돌아와 지었다. 이곳에서 제자를 가르치기 시작했다. 이듬해 홍문관 교리, 성균관 대사성이라는 관직을 맡았으나 그해 겨울, 병을 이유로 다시 사직했다. 계상서당은 퇴계가 58세 때 23세의 청년 율곡이 찾아와 사흘 동안 머물렀던 곳이기도 하다.

퇴계가 도산서당을 지은 것은 60세에 이르러서였다. 퇴계는 도

계상서당 전경. 퇴계는 이곳에서 제자를 가르치기 시작했다.

산서당을 통해 자신의 학문을 완성하고 후학을 양성하겠다는 오랜 꿈을 마침내 이루었다. '도산'이라는 이름은 뒷산에 질그릇을 굽는 가마가 있었기 때문이라고도 하고, 산 너머 또 산이라 하여 도산이 되었다는 유래도 있다.

백성들에게
본보기가 되는 삶

퇴계가 단양군수에서 물러날 때 그가 챙긴 짐이라고는 책 두 궤짝과 입던 옷가지, 손수 주운 수석 두 개가 전부였다. 군수로 머물던 사람의 짐이라고 하기에는 너무나 단출했다. 충청도와 경상도를 가르는 죽령에 이르렀을 때 단양 관아의 군졸들이 삼 꾸러미를 가져와 퇴계의 발 앞에 내려놓았다. 퇴계가 까닭을 묻자 군졸이 대답하였다.

"이 삼은 관아의 밭에서 거둔 것이옵니다. 사또의 노자로 드리는 것이니 받아주십시오."

군졸은 지금까지 관례로 해온 일이라는 말을 덧붙였다.

"새로 부임하는 사또에게 올려 배고픈 백성들을 돕는 데 쓰게."

이후에 책을 싣고 온 궤짝마저 돌려보냈다.

퇴계는 세금 납부가 선비의 기본 책무라고 여겼다. 늘 솔선수범하여 세금을 납부하였다. 향촌 사회에서 스스로 모범을 보이고 본보기가 됨으로써 백성들이 본받아 스스로 실천하도록 이끌고자 했다. 1563년 곽황이 예안수령으로 있을 때, 퇴계가 주위에 모범을 보이기 때문에 고을의 세금을 긷는 일에 아무런 걱정이 없다고 할 정도였다.

퇴계는 큰 부자는 아니었으나 생계를 걱정할 정도로 가난하지도 않았다. 처가에서 물려받은 재산이 있었고, 스스로 재산을 관리하는 재주도 있었다. 언젠가 땅을 빌려주고 그 대가로 이자를 받으면 재산을 늘릴 수 있을 거라는 제안을 받았을 때, 선비로서할 만한 일이 아니라는 말로 단호히 거절했다. '이득 앞에서 의로움을 생각하라'는 유학의 가르침을 실천했던 것이다.

선조 임금께
『성학십도』를 지어 바치다

선조가 왕위에 올랐다. 새로운 시대에 대한 기대와 열망이 봄철아지랑이처럼 피어오르고 있었다. 학문과 인품이 뛰어나 널리 명망을 얻고 있던 퇴계는 어느 날 율곡이 보낸 편지를 받았다. 율곡은 퇴계에게 조정에 나와 나라를 개혁하는 일에 동참하기를 간곡히 청했다.

1568년, 68세에 접어든 퇴계는 선조 임금에게 『성학십도』를 지어 올렸다. 성학은 군주의 학문이고 제왕의 학문이다. 퇴계는 이제 열일곱 살에 접어든 임금을 위해 신하로서 학문의 길을 안내하고자 하였다. 성리학의 체계와 내용을 쉽게 이해할 수 있고, 일상생활에서 실천할 수 있고, 나아가 성군이 되어 바른 정치를 펼칠 수 있기를 바라는 간절함을 담았다.

『성학십도』는 서문과 열 개의 도표와 해설이 있는 작은 책이다. 퇴계가 평생에 걸쳐 공부한 학문의 결정체이기도 했다. 퇴계는 선조에게 책을 지어 올리면서, 이것을 족자로 만들어 늘 가까이에 두고 공부하기를 간곡히 부탁하였다.

『성학십도』
열 개의 메시지 엿보기

태극도 태극은 곧 무극이다. 태극에서 음양이 나오고, 음양에서 오행이 생성되며, 오행이 결합하여 만물이 생성된다. 만물 중에서 인간은 우주의 맑은 기운을 받아 지극히 선한 성품을 타고난다. 인간은 누구나 성인이 될 수 있다.

서명도 만물은 하나의 원리에서 나왔고 모든 이치는 하나의 근원에서 비롯된다. 한편, 만물은 저마다 다른 모습으로 존재한다. 하나로 통일되어 있으면서도 만 가지로 다르다.

소학도 인간의 본성을 회복하고, 사람이 됨됨이를 갖추는 공부는 모든 공부의 바탕이자 시작이다. 일상 속에서 작은 일부터 몸에 익히고 충실히 하는 것이야말로 배움의 기초이다.

대학도 학문의 목표와 방향을 제시한다. 자신의 몸과 마음을 닦은 뒤에야 백성을 가르치고 깨닫게 하고, 나아가 모든 사람이 더불어 잘사는 대동 세상(온 세상이 번영하여 화목하고 평온한 세상)을 펼칠 수 있다.

백록동규도 주자가 백록동서원을 고쳐 세우면서 학생들이 지켜야 할 학교생활의 규범을 정하여 처마 밑 현판에 걸어둔 글이다. 학문을 하는 목적은 인간이 되는 데 있음을 늘 잊지 않아야 한다.

심통성정도 마음(心)이 본성(性)과 감정(情)을 통제한다. 마음을 꾸준히 수양하여 바르게 해야 한다.

인설도 인(仁)에 대해 밝혔다. 주자는 인을 사랑이라고 하였다. 나라를 다스리는 사람은 인을 본체로 삼고, 인을 실천하여 백성에게 베풀어야 한다.

심학도 마음(心)은 몸을 주재하고, 마음을 주재하는 것은 경(敬)

이다. 마음을 공부하는 방법을 자세하게 제시하였다.

경재잠도 '경'의 실천을 밝혀놓았다. 병마개를 닫듯이 입을 다물고, 성곽을 지키듯이 잡념을 막아야 한다. 순간의 틈이 생기지 않게 하고, 털끝만큼의 차질도 나지 않게 하고, 경솔함이 없게 해야 한다.

숙흥야매잠도 아침에 일찍 일어나고 늦은 밤에 잠들어 시간을 아끼고, 깨어 있을 때도 항상 몸가짐과 마음가짐을 반듯하게 해야 한다.

죽음을 당하지 말고, 죽음을 맞이하라

1570년 겨울을 지나며 퇴계는 죽음이 가까이 다가오고 있음을 느꼈다. 차분하게 주변을 정리하기 시작했다. 빌려준 책은 다시 돌려받게 하고, 빌린 책은 다시 주인에게 돌려주게 하며, 책 내용에 잘못된 곳을 표시해둔 것은 꼭 일러 바로 고치게 하였다.

퇴계는 자신이 죽은 뒤의 절차에 대해서도 미리 정해두었다. 국장의 예를 하지 말라. 예조에서 정해진 예법 절차를 따르도록 청할지라도 사양하라. 유밀과(기름에 튀긴 과자)는 쓰지 말라. 비석은 조그마한 돌 앞면에 '퇴도만은진싱이공시묘'라고만 쓰고, 뒷면에는 조상의 내력, 학문 행적, 벼슬을 대략적으로만 쓰라. 선조들의 묘갈명(윗머리가 둥글고 덮개돌이 없는 비석에 새겨 넣는 글)을 미처 마치지 못했는데, 이 일은 집안 어른들께 여쭈어 깎아 세우고, 장례를 행하면서 예에 없는 부분은 다른 사람에게 반드시 물어 예에 합당하게 하라. 퇴계는 소소하게 당부할 것은 당부하고, 유언으로 남길 것은 받아쓰게 하여 직접 다시 읽으며 검토했다. 그러고는 봉투에 넣어 잘 보관하라고 지시했다.

퇴계는 자신이 죽은 뒤 미화하지도 말고 찬양하지도 말라고 당부하였다. 혹시라도 고봉 기대승이 비문을 쓴다면 틀림없이 과분하고 장황해질 것이라 생각해, 자신의 묘비에 새길 글의 초안까지도 미리 써두었다.

퇴계 이황의 묘. 묘비에는 관직 이름 하나 없이 그저 '퇴노반은진성이공지묘'라는 글귀만 새겨져 있다.

퇴계의 유언에 따라 비석에는 관직 이름 하나 없이 그저 빗돌에 '퇴도만은진성이공지묘'라는 글귀만 새겨져 있다. '도산으로 물러나 만년을 보낸 진성 이씨의 묘'라는 뜻이다. 퇴계는 경상북도 안동시 도산면 토계동 건지산 남쪽 산봉우리에 묻혔다.

퇴계의 평생 나무, 매화나무

천 원권 앞면에 매화꽃이 활짝 피었다. 퇴계는 매화를 매우 아끼고 즐겼다. 매화는 겨울의 매서운 추위를 온몸으로 견뎌내며 가장 먼저 봄을 알리는 꽃이다. 아무리 힘들고 어려워도 제 향기를 잃지 않는 덕분에 봄은 매화 향기로 은은해진다. 퇴계는 도산서당을 지으면서 뜰 곳곳에 매화나무를 심었다.

퇴계가 단양군수를 지낼 때, 관청에 속해 있는 열여덟 살 두향이라는 기생이 있었다. 두향은 시도 잘 짓고 거문고도 잘 타는 데다가 특히 매화를 좋아하였다. 선비는 매화의 고고함을 닮았고, 어린 기생은 매화의 순수함을 닮았다. 퇴계는 두향을, 두향은 퇴계의 존재를 늘 가까이에서 느꼈다. 매화꽃 같은 연정이었다.

퇴계가 단양군수로 머문 시간은 그리 길지 않았다. 퇴계가 단양을 떠나던 날, 두향은 말없이 이별의 선물을 내밀었다. 아담한 크기의 매화 분재였다. 후에 두향은 면천하여 기생 신분을 벗어났고, 혼자 조용히 여생을 보냈다.

퇴계는 겨울이면 매화 분재를 방 안에 들여놓았다. 퇴계가 세상에 머문 마지막 겨울, 병이 깊어 먹은 약 때문에 그만 설사를 하고 말았다. 퇴계는 순간 매화에 미안한 마음이 들었다. 퇴계에게 매화는 생명이 깃든 존재이자 선비의 절개를 잊지 않게 해주는 존재였다. 퇴계는 제자에게 일러 매화 분재를 다른 곳으로 옮기게 하였다.

그 겨울, 퇴계는 죽음의 문턱 앞에서도 이 같은 말로 매화를 챙기는 일을 잊지 않았다.

"매화에 물 주어라."

꽃은 지고 그림자 짙게 드리운 도산서당 매화나무.

지폐 속
도산서당을 찾아서

천 원권 뒷면에 있는 〈계상정거도〉가 도산서당을 그린 그림이라고
는 하지만 실제와는 많이 다르다. 그러나 실망할 필요는 없다. 실
제 도산서당은 자연의 품에 순하게 안겨 있다. 규모도 아담하다.
앞마당을 둘러싸는 흙담을 두르고, 작은 사립문을 냈다. 소박하기
그지없는 이 문에는 유정문(幽貞門)이라는 이름이 있다. '그윽하고
(幽) 바른(貞) 문(門)'이라는 뜻이다. 퇴계는 속세를 떠나서 바르게
사는 사람이야말로 평탄한 길을 갈 수 있고, 밟는 길이 탄탄하니 숨
어 있는 사람이야말로 곧고 길하다고 말하고 싶었을 것이다.

도산서당 유정문.

도산서당 현판은 퇴계의 솜씨이다. 소
전체(그림문자)를 보면 퇴계가 도산서당
을 짓고 얼마나 기뻐했는지 느껴진다. 이
현판에서 '산'과 '새'를 찾아내는 사람들
이 있다. 봉우리가 세 개! 산과 새 한 마
리가 있다. 산을 찾는 것은 아주 쉽지만
새를 찾아내기는 조금 어렵다.

눈 씻고 봐도 안 보인다면 '서(書)'자에
시선을 집중해보자. 마음의 눈으로 보면
더 잘 보일 것이다. 자신을 산새라고 비

도산서당 현판. 현판에서 산과
새를 찾아내는 사람들이 있다.

웃던 사람들을 향한 퇴계의 뒤끝 있는 대답인 것 같아 슬며시 웃
음도 난다. 어찌 되었든 마침내 퇴계는 도산에 집을 지었고, 좁은
새장을 벗어나 숲속 산새처럼 머물렀다.

세 칸이면
충분하다

도산서당은 방 한 칸, 마루 한 칸, 작은방이 딸린 부엌 한 칸이 전
부다. 이마저도 퇴계는 처음 생각했던 것보다 크게 지어졌다며

한탄했다고 한다.

방은 완락재, 마루는 암서헌이라는 이름이 있다. 완락재에는 온돌을 들였고, 벽에는 책이나 문방구를 놓을 수 있게 선반을 꾸몄다. 퇴계는 이 방에서 검은 칠을 한 목조 책상 앞에 단정히 앉아 책을 읽었을 것이다. 깊은 밤이면 등불을 밝히고 매화연(매화 문양이 양각된 벼루)에 먹을 갈아 편지도 썼을 것이다. 아들과 손자에게는 일상의 소소한 안부를 묻고, 공부에 대한 당부도 잊지 않았을 것이다. 젊은 유학자들과 학문을 교류하면서 자신의 학문을 완성해갔을 것이다. 하루를 마치면 소박한 자리에 몸을 맡기고 고요하게 잠을 청했을 것이다.

암서헌에는 마루를 깔았고, 두 변을 열어놓았다. 동쪽으로 처마를 덧대어 공간을 넓게 사용할 수 있게 만들었다. 마루는 쪽을 가늘게 하여 사이사이에 틈을 두었다. 이렇게 하면 바람이 잘 통하고 빗물도 잘 흘러내릴 수 있다.

퇴계는 제자 이덕홍에게 혼상과 혼천의를 만들게 하였다. 별자리가 그려진 구인 혼상을 회전시켜가면서 별이 뜨는 시각과 계절의 변화, 시간의 흐름을 측정할 수 있었다. 우주와 하늘과 별자리로 시작된 공부는 마음공부와 삶 공부로 이어졌다. 민간에서 만들어져 오늘날까지 전해지는 혼상은 퇴계의 것이 유일하다. 혼천의는 부서져 부속품만 남아 있다. 퇴계의 유품들은 도산서원의 유품 진시관인 옥진각에서 볼 수 있다.

날이 좋은 날, 마루에 나와 앉은 퇴계는 꽃과 나무와 바람과 햇살을 즐기며 차를 마실 수 있었을 것이다. 여름비가 쏟아지는 날, 연잎에 떨어지는 빗소리로 마음을 씻어낼 수도 있었을 것이다. 마당으로 나와 조금만 걸으면 산에서 내려오는 물길을 가로지르는 돌다리와 그 돌다리 건너에 작은 꽃밭도 있었다. 퇴계는 자연의 품 안에서 아무 부족함이 없었을 것이다.

언덕 위에 걸린 구름처럼, 농운정사

도산서당 서쪽으로 서당과 나란하게 학생들이 머물며 생활했던 농운정사가 있다. '농운'은 '언덕 위에 걸려 있는 구름'을 뜻한다. 옛날 옛날에 어느 가난한 집에 귀한 손님이 찾아왔다. 그런데 손님에게 대접할 것이 아무것도 없었다. 그저 물 한 그릇이었으나 고개 위에 많은 구름을 대접했다고 한다.

농운정사의 '농운'은 아름다운 자연 풍광에 머물지 않는다. 검소하고 청빈한 선비의 마음, 하늘에 두둥실 떠가는 흰 구름처럼 잡념과 욕망 없이 깨끗한 마음으로 학문에 정진하라는 스승의 가르침이 엿보인다.

농운정사를 위에서 내려다보면 그 구조가 마치 한자 '공(工)' 모양과 같다. '공(工)'은 공부(工夫)한다는 의미도 있고, 하늘과 땅을 잇는다는 뜻도 있다. 퇴계는 처음 농운정사를 설계할 때부터 '천지의 이치를 꿰뚫어 스스로의 인격을 완성하는 공부를 열심히 하라'는 의도를 담고자 했던 것은 아닐까.

농운정사는 창을 많이 내어 방 안에 햇빛이 잘 들게 하였다. 가운데 두 칸짜리 온돌방이 좌우에 있고, 온돌방 양 끝 앞쪽으로 마루방을 한 칸씩 두었다. 뒤로는 온돌방 양 끝에 한 칸씩 헛간이 있다. 헛간에 아궁이를 만들어 불을 때거나 물을 데울 수 있었다.

농운정사 전경. ©위키미디어

농운정사 안에는 시습재, 지숙료, 관란헌이리는 현판이 걸려 있다. 배움의 즐거움, 학문하는 자세, 물을 바라보며 그 물결을 보고 세상의 물결치는 이치를 살피라는 뜻이 담겨 있다. 동쪽과 서쪽의 마루는 학생들이 잠시나마 쉬면서 자연을 즐길 수 있는 공간이다. 그런데 양쪽으로 마주 보는 곳만 개방되어 있다. 마루에 나와 쉴 때에도 공부하는 자세를 잃지 말라는 퇴계의 목소리가 들리는 것만 같다.

투호,
놀이가 아닌 마음공부

퇴계는 투호를 즐겼다. 그에게 투호는 즐거운 놀이보다는 경건한 공부였다. 항아리를 저 앞에 놓고, 어느 정도 떨어진 거리에서 화살을 던지면 항아리에 쏙 들어갈 때도 있고, 항아리 밖으로 떨어질 때도 있었다. 퇴계는 제자들이 투호를 할 때면 무심히 바라보는 듯했지만 사실은 날카로운 눈길로 제자의 됨됨이를 여지없이 간파해냈다.

퇴계는 타고난 마음을 잘 보존하고 본성을 잘 기르는 것, 자신을 반성하고 잘 살피는 공부를 강조하였다. 사람이 사람답게 살고자 한다면 아무리 어려워도 반드시 지켜야 하는 마음이 있는 반면, 처음부터 일어나지 않도록 해야 하거나 이미 일어났다면 거울에 낀 먼지를 닦듯이 부지런히 닦아내야 하는 마음도 있다고 하였다.

'경(敬)'은 퇴계가 평생에 걸쳐 몸소 실천했던 공부 방법이다. 공경하고 경건하게 하라. 마음을 집중하고, 마음을 챙기고, 늘 마음이 깨어 있게 하라. 잡념과 욕망이 일어나지 않게 정신을 온전히 집중하라. 언제 어디서나, 혼자 있을 때나 사람들 속에 있을 때나 감정들이 일어나지 않게 하라. 감정에 휘둘리지 않고 고요한 본성의 마음에 머물 수 있게, 그러한 경지에 다가가고 늘 그 상태를 유지하려고 노력하라. 퇴계의 마음공부는 단순히 스트레스를 없애거나 마음의 평안을 얻으려는 것이 아니었다. 그것은 고요히 본연의 마음에서 온 세상의 삼라만상을 만나려는 적극적인 공부였다. 다른 사람의 눈은 피할 수 있어도 자신의 눈은 피할 수 없는 법이다. 그래서 퇴계는 혼자 있는 것을 더욱 두려워하였다.

퇴계가 도산서당에
머물지 않을 때

퇴계는 도산서당을 좋아했지만 대개 1월에서 5월까지, 9월에서

10월까지만 머물렀다. 6일에시 8월 사이에는 전광운영대 앞 낙동강에서 은어잡이를 하기 때문이었고, 11월에서 12월은 낙동강에서 넘어오는 겨울 강바람과 습기와 추위 때문이었다.

은어는 수라상에 올리는 귀한 물고기였다. 예안현감은 조정에 은어를 올리기 위해 여름과 가을이면 백성들이 은어를 잡지 못하도록 은어잡이를 금지하는 규정을 만들었다. 퇴계는 이 기간 동안 서당 출입을 아예 삼갔다. 혹시라도 서당에 출입하는 모습이 남들에게 은어를 잡으러 가는 것으로 보일까 염려한 탓이었다. 남명 조식은 이런 퇴계를 비웃었다.

"하지 않으면 그만이지 굳이 피할 것까지 있느냐."

졸지에 소심하고 고지식한 사람으로 몰린 퇴계는 가볍게, 그러나 뼈대 있는 말로 응수했다.

"조식이라면 그렇게 하겠지만 나는 이렇게 할 따름이다."

도산서당에 머물지 않을 때 퇴계는 주로 계상서당에서 지냈다. 계상서당은 도산서당보다 규모도 작고 튼튼하지 않았다. 하지만 산자락이 가려주어 습기가 덜하고 강바람도 피할 수 있었다. 그러나 손님을 맞이하거나 특별한 행사가 있을 때에는 아무리 추운 날이라도 도산서당을 이용했다고 한다.

퇴계는 서당을 짓고, 정성껏 흙담을 쌓았다. 모나지 않은 돌들을 가져와 듬성듬성 보기 좋게 박았다. 돌들은 담이 무너지지 않게 뼈대도 되어주고, 담장의 무늬옷도 되어주었다.

안동시는 1969년부터 1970년까지 도산서원을 대대적으로 보수하는 공사를 진행하면서 도산서당의 흙담이 무너진 자리에 사괴석을 쌓았다. 사괴석은 궁이나 사당에서 주로 사용한 고급 석재다. 평생을 검소하고 소박하게 살았던 퇴계라면 담을 보수하면서 사괴석을 쌓지는 않았을 것이다. 서당의 뒤로 가면 흙담과 사괴석 담장이 만나는 경계면을 볼 수 있다. 마치 칼로 그은 듯 선명하다.

퇴계는 평생 낡은 갓과 낡은 신발을 신었고, 부들로 짠 자리에

서당의 뒤로 가면 흙담과 사괴석 담장이 만나는 경계면을 볼 수 있다. 마치 칼로 그은 듯 선명하다.

않았다. 식사는 하루에 두 번으로 끼니마다 반찬이 세 가지를 넘지 않았다. 손님을 대접하느라 차려낸 상도 특별하지 않았다. 가난은 부끄러운 일이 아니었다. 선비에게 가난은 자연스러운 일이었다. 제자들에게도 오히려 가난을 즐길 줄 알아야 한다고 가르쳤다. 그런 퇴계였기에 흙담과 고급 사괴석 담장을 바라보고 있자니 그 소박한 삶에 흠집이라도 낸 것만 같다.

지폐 뒷면엔 도산서당,
앞면엔 성균관

조선 성균관은 조선 최고의 국립 교육 기관이었다. 고려 성균관을 이어받아 1398년, 새 도읍지인 한양의 동북부 지역인 숭교방(오늘날 서울시 종로구 명륜동)에 세워졌다. 성균관은 가르치고 배우는 강학 공간인 명륜당, 학생들이 머물며 생활하는 동재와 서재,

명륜당 전경. 천 원권 앞면에 그려진 건물은 성균관 안에 있는 명륜당이다. ⓒ문화재청

그리고 제사를 지내는 공간인 대성전(문묘)과 부속 건물로 나뉜다. 소과에 합격하여 생원과 진사가 되면 입학 자격이 주어졌다. 성균관에서는 장차 관직에 오를 인재들을 길러냈다.

천 원권 앞면의 건물은 성균관 안에 있는 명륜당이다. 지폐에는 매화꽃이 활짝 피었지만 성균관에서는 볼 수 없는 풍경이다. 오늘날 명륜당 앞마당에는 아름드리 은행나무 두 그루가 가을빛 아래 눈부시게 아름답다. 그 곁에 단풍나무, 회화나무, 느티나무가 멋지다.

퇴계는 젊은 시절 성균관 유생으로 입학하여 공부하였고, 관직에 올라서는 성균관 대사성도 여러 번 지냈다. 성균관 대사성은 오늘날로 치면 국립대학교 총장에 해당한다.

퇴계가 서원을 세우고자 노력한 까닭은

선비들이 거듭 사화를 겪으면서 학문에 뜻을 둔 선비들은 처음부터 벼슬에 뜻을 두지 않았다. 벼슬에 나아가서도 스스로 물러나 향촌에 머물렀다. 조선의 사림 선비들은 성리학을 연구하고 가르치고 배워 후학을 양성할 수 있는 새로운 학교를 꿈꾸었다. 서원은 선비들이 향촌에 세운 사립학교였다.

서원은 성리학을 가르치고 배우는 학교이면서, 한편으로는 사당 역할도 했다. 성현의 위패를 모시고 정기적으로 제사를 올려 가르침을 주신 스승께 감사하고, 자신의 공부를 반성하고 앞으로의 공부를 다짐했다. 서원은 교육이 이루어지는 강학 공간(배움터), 학생들이 기숙하는 동재와 서재(기숙사), 그리고 사당 공간으로 되어 있다.

경북 영주에 있는 백운동서원은 우리나라에 세워진 최초의 서원이다. 1542년에 풍기군수였던 주세붕이 우리나라에 처음으로 성리학을 들여와 소개한 안향을 배향해 세웠다. 퇴계는 풍기군수로 부임하여 백운동서원을 증축하였다. 서원의 관장을 맡고 직접 강의도 하며 유생들의 공부와 일상생활을 자상하게 보살폈다.

사액서원은 임금이 특별히 이름을 지어 현판을 내린 서원이다. 사액서원이 되면 현판뿐만 아니라 책, 토지, 노비도 함께 받았다. 토지 세금과 군대도 면제받았다. 이러한 혜택에 그치지 않고 학문 기관으로서의 권위도 인정받았다.

퇴계는 명종에게 백운동서원을 교육 기관으로 인정해줄 것을 청하였다. 1550년, 명종은 '소수서원'이라는 이름을 지어 현판과 책, 노비를 내렸다. 이외에도 퇴계는 이산서원, 역동서원, 죽계서원, 임고서원, 영봉서원, 구산서원, 남계서원 등에 기문을 쓰거나 현판의 이름을 지음으로써 서원 보급에 힘썼다.

2019년 7월, 한국의 서원이 인류의 보편적 가치를 지녔음을 인정받아 유네스코 세계유산에 등재되었다. 이때 등재된 서원은 소수서원, 도산서원, 병산서원, 옥산서원, 도동서원, 남계서원, 필암서원, 무성서원, 돈암서원으로 모두 아홉 개이다. 이 서원들은 경북 영주, 경북 안동, 경북 경주, 경남 함양, 전남 장성, 전북 정읍, 충남 논산 등 전국에 걸쳐 있다.

도산서원
하나하나 살펴보기

도산서원 현판과 석봉 한호(한석봉)

퇴계가 세상을 떠난 뒤, 제자들은 도산서당 뒤에 서원을 짓고 퇴계를 배향하였다. 1575년에 선조는 '도산'이라는 사액을 내렸다. 도산서원의 현판 글씨는 석봉 한호가 썼다. 어느 날, 선조 임금이 석봉을 불러 네 글자를 쓰도록 하였다. 처음에 석봉은 무슨 글자를 쓰는지 전혀 모른 채 그저 임금이 부르는 대로 한 자 한 자 써 내려갔다. 마지막 글자인 '도' 자를 쓰면서 석봉은 그제야 자신이 쓰는 것이 도산서원의 현판이라는 걸 알아차렸다. 순간 석봉

도산서원 현판이 보이는 전경.

은 손을 떨었다. 그 바람에 글자의 획이 약간 비뚤어지고 말았다. 이 이야기는 석봉이 도산서원의 현판을 쓴다는 사실을 미리 알면 긴장할까 걱정한 선조의 배려가 담긴 이야기로 전해진다.

진도문, 도산서당과 도산서원을 경계 짓다

진도문 앞으로 도산서당이 있고, 진도문 뒤로는 도산서원이 있다. 진도문은 도(道)를 향해 나아가는(進) 문이다. 꾸준히 학문을 깨우치고 정진하려는 마음을 일깨운다. 진도문 앞에 놓인 계단 양쪽으로 광명실이 있다. 광명실은 누각의 형태이다. 어두운 인생 길을 지날 때, 환하게 길을 밝혀주는 밝디밝은 빛은 책에서 온다.

책을 등불 삼으면 길을 잃지 않을 것이다. 광명실은 책을 보관하고 열람하던 곳이다. 원래는 동쪽에 동광명실만 있었으나 1930년 서쪽에 서광명실이 지어졌다. 누각으로 지은 광명실은 습기로부터 책을 보호하였다.

전교당

전교당은 스승을 모시고 성리학을 공부하던 곳이다. 전교당 앞에 다섯 단이나 쌓아 올린 장대석 기단은 건물을 더욱 돋보이게 한다. 보기에도 가파른 기단을 오르내리려면 스스로 조심하고 긴장해야 하기 때문에 마음을 일깨우는 효과도 있다.

정면 네 칸에 측면 두 칸으로 구성되어 있다. 서쪽에 있는 두 칸

진도문 옆 광명실의 모습.

전교당의 모습.

의 온돌방은 서원의 원장이 머물던 방이다. '한존재'라는 이 방의
이름은 '올바르지 않은 생각을 막고 성심을 보존한다'는 뜻이 있다.

전교당은 전망이 좋아서 신발을 벗고 마루에 올라가 앉으면 주
변 풍경이 한눈에 들어온다. 여름날 따가운 햇볕을 피하고 싶다
면 전교당 대청마루에 앉아 잠시 쉬면서 시원하게 불어오는 바람
에 온몸을 내맡겨도 좋다.

학생들의 기숙 공간

전교당 앞에는 학생들이 머물던 기숙 공간이 있다. 동쪽에 있는

것은 동재, 서쪽에 있는 것은 서재다. 이 두 건물은 서로 마주 보고 있으며 동재를 '박약재', 서재를 '홍의재'라 했다. 전교당으로 들어가는 진도문 가까운 곳에는 북이 걸려 있다. 누가, 언제 북을 울렸을까? 수업 시간을 때맞춰 알리는 종소리처럼 전교당에 모여 공부하는 시간을 알릴 때 이 북을 울리지 않았을까? 둥둥 북소리가 힘차게 울리면 학생들은 발걸음을 서둘렀을 것이다.

사당

상덕사는 퇴계의 위패를 모시고 제사를 지내는 곳이다. 퇴계의 제자 월천 조목의 위패도 같이 모셔져 있다. 월천은 평생 퇴계의 곁에서 스승을 모셨다. 제사 음식을 준비하거나 제사에 필요한 기물을 보관하고 음식을 장만하던 공간이 따로 마련되어 있다.

소나무 사이로 강물 저 너머,
시사단

조선 시대에는 임금이 업적이 뛰어난 신하의 제삿날에 신하를 보내어 제사를 지내주도록 하는 '치제'라는 관습이 있었다. 치제문을 내리고 물품을 내리기도 하였다.

1792년, 정조는 도산서원을 치제하였다. 이때 제사를 지내고 그다음 날 특별 과거인 시사를 치르게 하였다. 원래는 전교당 마당에서 치르라는 왕명이 있었지만 유생들이 물밀듯 밀려드는 바람에 서원 남쪽 강기슭 소나무 아래 평평한 곳으로 장소를 옮겼다. 임금이 직접 내린 시험문제를 소나무에 내걸고 시험을 치렀다.

당시 좌의정 채제공이 이 일을 글로 적어 비석에 새겼다. 시사단은 단을 쌓고 이 비석을 세운 곳이다. 정조가 쓴 치제문은 나무판에 새기고 액자로 꾸며져 전교당에 걸려 있다.

안동댐 유감

1970년대에 낙동강 하구에서 상류 쪽으로 340km 지점에 안동댐이 건설되었다. 안동댐은 낙동강 수계에 처음 지어진 다목적 댐이다. 높이 83m, 길이 612m로 총저수량은 약 12억 5천만 톤이다. 댐이 세워지자 인공 호수인 안동호가 생겨났다.

안동호 저수지의 면적은 와룡면, 도산면, 예안면, 임동면 등에 걸쳐 있다. 54개 마을에서 2만 명이 넘는 수몰 이주민이 생겨났다. 마을 사람들은 집과 논밭을 그대로 두고 고향을 떠나야 했다. 미처 손쓰지 못한 문화재들도 마을에 남았다.

안동댐은 시사단에도 상처를 입혔다. 강물의 수위가 높아지면서 시사단이 물에 잠기게 되자 축대를 높이 쌓아 원래보다 시사단을 높였다. 강물에 가로막힌 시사단은 이제 배를 타고 건너가야 하는 곳이 되었다.

오늘날 도산서원에 가면 매표소에서 서원으로 이어지는 긴 길이 있지만, 정작 퇴계는 이 길을 걸은 적이 없다. 안동댐 건설로 원래의 길이 사라져 산허리에 새로 낸 길이기 때문이다.

도산서원 안내 지도를 보면, 곡구암의 위치가 표시되어 있다. 강가에서 도산서당으로 이어지는 오솔길이 있고, 길 입구에 바위가 있었다. 마치 산의 입구 같은 모습이어서 곡구암이라고 불렀다. 퇴계처럼 오솔길을 걸어 곡구암을 지나 서당으로 들어서는 상상을 해본다. 서원 입구에서 긴 세월 동안 용케도 버티고 선 왕버들이라면 퇴계가 살았던 그 시절의 강물과 오솔길과 바람을 모두 기억하고 있지 않을까?

강물 저 너머로 보이는 시사단의 모습.

천 원권 한눈에 보기

매화나무 ❶   ❷ 성균관 명륜당

---

❶ 매화가 있는 시, 함께 읽기

매화나무 드문드문

꽃 적게 붙어 있고

그 성기고 마름과

비스듬히 기운 것 사랑하네

다시 삼성이니 저녁이니

새벽이니 변별할 필요 없으리니

향기로운 가지 끝에

달이 떴나 바라보게나

출처: 『도산잡영: 퇴계, 도산서당에서 시를 읊다』
        (이황 지음, 이장우·장세후 옮김, 연암서가, 2013)

③ 겸재 정선의 〈계상정거도〉

❷ 성균관 명륜당과 석전제(석전대제)

조선의 최고 국립 교육 기관인 성균관은 성균관대학교와 아주
가까운 곳에 있다. 성균관의 최고 책임자인 대사성은 정3품의 관
직이다. 성균관 안 명륜당에서는 교육이 이루어졌고, 대성전(문
묘)에서는 유교의 성현들께 제사를 지냈다. 석전제는 문묘에서
거행되는 제례를 말하며, 문묘제례악과 함께 중요무형문화재로
지정되어 있다. 석전제는 1년에 두 번, 음력 2월과 8월에 지낸다.
굳게 닫혔던 대성전의 문이 열리면 그 안에 퇴계와 율곡의 위패
가 나란히 모셔져 있는 모습을 볼 수 있다.

❸ 지폐 뒷면에서 퇴계를 찾아라, 정선의 〈계상정거도〉

천 원권 뒷면에 있는 그림은 1746년, 겸재 정선이 71세에 그린 〈계상정거도〉이다. 1733년, 겸재가 58세 되던 해에 지금의 경북 포항시 북구 청하면 청하현감으로 부임하여 2년 동안 머물렀다. 청하는 도산과 그리 멀지 않으니 겸재는 도산서당에 가보았을 것이다.

계상은 '퇴거계상(退居溪上)'에서 따왔고, '계상정거(溪上靜居)'는 '계곡으로 물러나 고요히 머문다'는 뜻이다. 〈계상정거도〉는 노년의 겸재가 퇴계를 떠올리며 도산서당과 주변 풍경을 그린 그림이다.

➕ 『도산잡영』, 시가 있는 도산서당 산책

도산잡영은 '도산(서당)에서 이것저것 생각나는 대로 시로 읊는다'는 뜻이다. 『도산잡영』은 퇴계가 도산서당에서 지은 시들만 가려 뽑아서 엮은 시집이고, 『도산잡영: 퇴계, 도산서당에서 시를 읊다』는 한자로 쓰인 시들을 한글로 옮기고 해설한 책이다. 도산서원 곳곳의 모습이 시에 고스란히 담겨 있다. 이 책을 벗 삼아 도산서당을 산책하는 것도 또 다른 즐거움이 될 것이다.

한 발짝 더 들어가보기

마음이 검다, 희다, 강하다, 약하다, 여리다, 밝다, 어둡다, 바르다, 삐뚤다, 곱다, 예쁘다, 뜨겁다, 차갑다, 달아오르다, 식다, 포근하다, 착하다, 넓다, 좁다, 무겁다, 가볍다, 지치다, 아프다, 있다, 없다, 병들다, 사라지다, 씁쓸하다, 흔들리다, 복잡하다, 힘들다, 설레다, 허하다, 부풀다, 뿌듯하다, 가다, 열리다, 닫히다, 흩어지다, 생기다, 통하다, 앞서다, 급하다, 일어나다, 잔잔하다, 들리다, 성장하다, 마음에 들다, 남다, 걸리다, 품다, 새기다, 마음으로 보다, 느끼다, 마음을 다치다, 어루만지다, 달래다, 들여다보다, 탓하다, 주다, 받다, 두드리다, 열다, 닫다, 잡다, 놓다, 돌리다, 바꾸다, 먹다, 모으다, 갖다, 버리다, 접다, 보이다, 숨기다, 움직이다, 차지하다, 들키다, 전하다, 표현하다, 키우다, 살피다, 성찰하다, 다스리다, 닦다, 그리고…

• 세상에서 가장 좁은 길이면서 세상에서 가장 넓은 길은 마음대로이고, 마음대로를 닦아가는 공부는 마음공부이다. 여러분은 어떻게 생각하시나요?
• 퇴계의 마음공부를 떠올리며 마음이 있는 우리말을 하나하나 찾아볼까요?

신사임당

화가 동양 신씨, 자연을 사랑한 예술가

시는 그림이 되고, 그림은 시가 된다.

신사임당(1504~1551)

1504년(연산군 10년), 강릉 북평촌에서 아버지 신명화와 어머니 용인 이씨 사이 5자매 중 둘째로 태어났다. 외할아버지와 아버지에게 학문을 배웠고, 스스로 사임당이라는 호를 지어 인생의 뜻을 세웠다. 19세에 한양 선비 이원수와 혼인하여 7남매를 두었다. 혼인한 뒤에도 오랫동안 친정집에 머물면서 서울, 봉평, 파주를 오가며 살았다. 사임당은 자녀들에게 직접 학문을 가르쳤고, 학문을 하는 목적을 항상 잊지 않도록 하였다. 딸, 아내, 며느리, 어머니로서 주어진 역할에 최선을 다하면서도, 화가로서의 삶을 일구어 '화가 동양 신씨'로 이름을 떨쳤다. 작품으로 초충도 병풍과 자수 초충도 병풍, 산수화가 전해진다. 1551년(명종 6년), 48세에 서울 삼청동에서 두 눈을 감았다.

지갑 속에
오만 오천 원을 '꼭' 챙기고

사임당을 만나러 가기 전에는 오만 원권과 오천 원권을 함께 챙기는 것이 좋다. 오만 원권으로는 화가 사임당을 만날 수 있다. 지폐 앞면에는 사임당의 포도 그림과 가지 그림이 있다. 원래 사임당은 수묵으로 포도 그림을 잘 그렸다. 지폐로 디자인되면서는 포도 그림에 색이 입혀졌다. 지폐 속 가지는 보랏빛의 제 빛깔을 감추었다.

오만 원권 뒷면은 어몽룡의 〈월매〉와 이정의 〈풍죽〉이 차지했다. 신사임당의 그림이 아닌 후대 화가들의 그림이 들어간 이유는 무엇일까? 신사임당이 이름을 떨친 조선의 다른 화가들과 어깨를 나란히 할 정도로 뛰어난 화가로 인정받았다는 사실을 보여

〈포도〉, 신사임당. ©간송미술문화재단

주고 싶었을지도 모르겠다. 하지만 사임당의 큰딸 매창도 달과 매화가 있는 그림을 잘 그렸다. 오만 원권 뒷면에 매창의 월매도가 들어갔다면 어땠을까?

사임당의 초충도는 오천 원권 뒷면이 품고 있다. 오천 원권 앞면에는 오죽과 오죽헌이 있다. 줄기가 검은 대나무인 오죽이 있는 집 오죽헌에는 사임당과 그의 아들 율곡의 이야기가 모두 담겨 있다. 사임당과 율곡을 만나러 가는 길은 두 사람을 따로 또 같이 만나는 길이 될 것이다.

강릉 가는 길,
서울 가는 길

옛날 옛날에 강릉과 서울을 오가는 길은 아주 멀고 멀었다. 어른의 보통 걸음으로 걸어서 열흘이 조금 넘게 걸리는 거리였다. 서울에서 여주를 지나 강천, 문막, 횡성, 안흥, 방림, 운교, 진부, 횡계, 구산을 지나서 대관령 산길까지 넘어야 닿을 수 있었다. 대관령은 아흔아홉 굽이굽이로 이어져 고개를 넘으려면 꼬박 이틀이 걸렸다.

사임당의 아버지 신명화는 오랫동안 서울과 강릉을 오가며 지냈다. 대관령 고갯길은 겨울이면 눈이 많이 오는 바람에 늘 길이 막혔다. 그래서 대개 1년에 한 번씩 눈이 녹을 무렵인 봄에 강릉에 가서 얼마간 머물고는 다시 서울로 돌아가곤 했다.

사임당이 혼인한 뒤에도 강릉 친정집에 머물게 되면서 남편 이 원수도 대관령 고갯길을 걸어 서울과 강릉을 오갔다. 사임당이 서울로 가던 길도 같은 길이다. 율곡은 여섯 살 때 가족들과 함께 서울로 이사하면서 이 길을 걸었고, 어머니 사임당이 세상을 떠난 뒤에는 외할머니를 뵈러 이 길을 걸었다.

오늘날 KTX나 자동차를 타면 서울에서 강릉은 그리 멀지 않다. 일부러 작정한 것이 아니라면 그 먼 길을 걸어서 오가는 일은 상상할 수도 없는 일이 되었다. 길을 걷는 것과 도로를 달리는 것은 삶의 풍경뿐만 아니라 마음에도 다른 그림을 그린다. 대관령 고갯길은 굽이굽이 자연 풍광이 아름다운 길이다. 하지만 그 길을 걸어야만 저곳에 닿을 수 있는 사람에게는 도로나 철도 위를 달려서 가는 사람보다 더 기쁘고, 더 슬프고, 더 아련하고, 더 그리운 정서를 낳는 길이었을 것이다.

대숲 소리,
호수와 바다 가장자리

사임당은 자연에 대한 감수성이 섬세하고 깊었다. 일상 속에서 자연을 즐길 줄 알았고 늘 자연을 가까이했다. 무엇이 사임당의 자연 감수성을 키워냈을까?

예로부터 강릉은 산과 물이 어우러져 풍광이 매우 빼어난 곳이다. 오죽헌 앞으로 경포천이 흐르고, 멀지 않은 곳에 경포호가 있다. 호수는 거울처럼 맑다. 호수 변을 따라 물풀들이 자랐다. 간혹 드러난 바위 위에서 물새들은 날개에 고개를 파묻고 선 채 꼼짝하지 않는다. 더러 물새들이 헤엄쳐 앞으로 나아가면 물결에 잔주름이 지며 일렁거린다. 근처 언덕 위에서는 소나무 숲 사이로 경포대가 보인다. 경포대에 오르면 하늘과 맞닿은 호수가 한눈에 내려다보인다. 햇살은 때로 호수 표면 위로 내려와 알알이 보석처럼 반짝거린다.

호수 가장자리를 따라 걷다 보니 어느새 바다에 이르렀다. 먼저 소나무 숲이 반겨주었다. 소나무는 해풍에 맞서지 않고 바람이 불어오는 방향으로 유연하게 가지를 기울였다. 소나무 숲을 지나니 부드러운 모래사장 너머 푸르디푸른 바다가 펼쳐졌다. 파도가 어깨를 나란히 하고 흰 포말을 머리에 이고 밀려왔다가 밀려갔다. 때로 파도는 숨을 깊이 몰아쉬기라도 하듯 모래를 깊숙이 품어 안고 빠져나갔다. 그럴 때면 더 힘차게 밀려들었다. 바다를 향해 마주 서서 두 눈을 감으면 귀는 더욱 예민하게 열렸다. 바다의 손을 잡은 소리들이 귓속으로 빨려 들어왔다. 사임당도 이곳을 걸으며 같은 것을 보고, 듣고, 느꼈을까?

오죽이
둘러싸고 있는 집

오죽헌은 별채의 이름이면서 집 전체를 가리키는 이름이기도 하다. 사랑채와 안채, 별채 정도를 갖춘 소박한 집이다. 이 집은 신사임당의 외고조 할아버지 최치운이 지었다. 최치운은 세종 때 집현전 학자를 지냈고, 문종이 세자였던 시절 학문을 가르친 스승이었다. 오죽헌은 후에 최치운의 둘째 아들인 최응현이 물려받았다. 최응현은 참판을 지낸 적이 있기 때문에 마을에서는 참판댁으로 불렸다. 최응현의 딸 강릉 최씨가 이사온과 혼인하고, 오죽헌은 사위 이사온이 물려받게 된다. 이사온의 외동딸 용인 이씨는 신명화와 혼인하였고, 이사온은 사위 신명화에게 다시 이집을 물려주었다.

먼 훗날 용인 이씨는 집안의 재산을 나누면서 넷째 딸과 사위 권화에게 집을 물려주었다. 이어 권화의 아들 권처균이 물려받았다. 권처균은 율곡과는 사촌지간이다. 권처균은 '오죽이 있는 집'이라는 뜻으로 오죽헌이라고 이름 지었다.

오죽은 줄기가 까마귀처럼 검은 대나무이다. 사임당의 외할아버지 이사온이 심었다고 전해진다. 이사온에게 이 집은 비록 규모는 작다고 할지 모르지만 살 만하고, 울타리가 나지막해서 사방이 환하고, 푸른 산이 주변을 둘러싸고 있어 그림 같은 집이었다. 무엇보다 이 집에는 보배가 있으니, 그것은 바로 온갖 시련을

오죽헌 전경. 오죽헌은 신사임당의 외고조 할아버지 최치운이 지었다.

겪은 오죽이었다.

대나무 숲속에 한 줄기 바람이 지
나가던 날, 최참판댁 별채의 온돌
방에서 여자아이의 첫울음이 새어
나왔다. 사임당 신씨는 1504년(연산
군 10년)에 아버지 진사 신명화, 어머
니 용인 이씨 부인 사이에서 5자매 중 둘
째로 태어났다.

줄기가 검은 대나무 오죽.

어린이가 안견의 그림첩을
손에 넣은 사연

사임당은 어릴 적에 안견의 그림첩을 가졌다. 안견의 그림을 따
라 그리며 그림을 익혔다. 당시 안견의 화풍은 큰 인기를 끌었다.
안견은 세종 때 도화서 관리로, 안평대군의 꿈 이야기를 듣고 단
사흘 만에 〈몽유도원도〉를 그린 천재 화가였다.

그런 안견의 화첩을 어린 사임당이 어떻게 손에 넣을 수 있었을
까? 몇 가지 추측을 해볼 수 있다.

먼저, 외고조 할아버지였던 최치운에게 받은 것일 수 있다. 최

치운은 세종 때 집현전 학자를 지냈다. 세종 시기에 어떤 인연 덕분에 최치운이 안견의 화첩을 갖게 되고, 그것이 손녀 사임당에게까지 전해졌을지 모른다. 두 번째 추측은 외할아버지 이사온이다. 외할아버지는 외손녀가 그림에 소질이 있음을 진즉 알아보았다. 손녀의 재능을 북돋아주기 위해 사방에 수소문을 해서 안견의 화첩을 구한 것은 아니었을까? 세 번째는 아버지 신명화이다. 딸의 재능을 매우 아낀 신명화가 서울과 강릉을 오가며 당시에 화풍을 주도하고 있던 안견의 화첩을 구했을 수도 있다.

어쩌면 이 모든 일이 애초에 사임당으로부터 시작되지는 않았을까? 어릴 적 사임당은 집안 어른들의 사랑과 관심을 독차지했다. 그림을 그리면 늘 칭찬을 받았다. 그림 그리는 것이 좋았고, 점점 더 잘 그리게 되었다. 우연히 화가 안견의 명성을 들은 사임당은 안견의 그림첩이 보고 싶다는 속마음을 숨기지 않고 표현했다. 어린 사임당은 마침내 안견의 그림첩을 손에 넣었다. 그렇게 된 일은 아니었을까.

사임당의 아버지 신명화는 기묘사림의 한 사람이다. 기묘사화가 일어났을 때, 개혁을 추진하던 조광조 일파가 옥에 갇혔다. 성균관 유생들은 조광조의 탄원을 간청하며 상소를 올리고 연일 시위를 벌였다. 신명화도 이 시위에 가담하였고 며칠 옥살이를 하였다. 많은 선비들이 유배를 가거나 목숨을 잃었다. 신명화는 옥살이에서 풀려난 뒤 강릉으로 돌아와 다시는 관직에 나가지 않았다.

선비가 학문을 하는 목적은 스스로의 인격을 완성하고 나아가 바른 정치를 펼치기 위함이었다. 아버지 신명화는 딸에게 여인도 학문을 해야 한다고 가르쳤다.

"과거를 볼 것은 아니지만 여인이 학문을 하면 인격을 쌓는 데 도움이 될 뿐만 아니라 앞으로 자녀를 교육할 수 있고, 집안을 일으킬 수도 있느니라."

아버지의 가르침을 마음에 깊이 새긴 사임당은 조선 사대부가 배우는 학문을 고루 배워 익혔다.『소학』『명심보감』『내훈』『삼강행실도』뿐만 아니라 사서오경과 성리학의 경전들, 역사서 등을 공부하였다. 사임당은 글도 잘 쓰고 시도 잘 지었다.

세상에 존재하는 것은 저마다 이름이 있다. 이름을 가지면서 존재의 의미가 드러난다. 사임당은 '사임이 머무는 집'이라는 뜻으로 스스로 지은 당호이다. 사임(師任)은 '태임을 본받다'라는 뜻이다. 사임당의 본명이 신인선이라는 이야기도 있으나 기록으로 밝혀진 것은 없다.

태임은 『소학』『내훈』『시경』에 등장하는 여성의 이름이다. 태임이 누구인지 알려면 주나라로 거슬러 올라가야 한다.

주 태왕 고공단보에게는 아들이 셋 있었다. 왕위는 장자가 물려받게 되어 있었지만 큰아들 태백은 아버지가 막내 계력에게 왕위를 물려주고 싶어 하는 것을 알아차렸다. 결국 태백은 왕위를 양보하고 동생 중옹과 함께 집을 떠나 멀리 남쪽으로 가서 오나라를 세웠다. 오나라의 시조는 태백이고, 오나라의 마지막 왕은 부차이다. 부차는 월나라 구천과 함께 오월동주, 와신상담 이야기의 주인공이다.

태임은 계력과 혼인하여 문왕을 낳았다. 태임이 문왕을 잉태하였을 때 언행을 삼가고 몸가짐을 바르게 하였다. 자리가 바르지 않으면 앉지 않았고, 모난 것을 먹지 않았으며, 모로 눕지 않았다.

글을 읽고 시를 즐겨 읽었다. 태임은 제일 처음 대교를 한 여성으로서 많은 여성들에게 모범이 되었다. 문왕의 아들 무왕은 은나라를 무너뜨리고 주나라를 세웠다. 주나라 문왕과 무왕은 요, 순, 우, 탕 임금과 함께 이상 군주로 손꼽힌다.

사임당은 태임을 인생의 본보기로 삼았다. 태임을 본받아 자기를 완성하고 군자가 되는 삶을 살겠으며, 태임과 같은 어머니가 되겠다고 다짐했다. 사임당이라는 이름에는 이렇듯 당차고 야무진 의지가 담겨 있다.

혼인,
인생의 변곡점

사임당의 혼사를 앞두고 아버지 신명화는 생각이 많아졌다. 눈에 넣어도 아프지 않을 딸이었다. 딸이 혼인 후에도 친정 가까이에서 오래오래 살 수 있기를, 그래서 딸의 아까운 재능이 묻혀버리지 않기를 바랐다. 그러면서도 집안의 내력과 학식이 적당한 배필을 물색하였다. 신명화의 집안은 태조 때 건국 공신인 신숭겸의 후손으로 친할아버지 신숙권은 영월군수를 지냈다. 신명화 또한 학식이 높고 선비로서 강직한 인물이었다. 사임당의 어머니 용인 이씨의 아버지 이사온은 생원으로 벼슬은 하지 않았으나 외할아버지 최응현이 강릉에서 참판을 지낸 명문가였다.

한양 선비 이원수는 명문가 덕수 이씨 집안의 아들이었다. 이원수가 여섯 살 때, 아버지 이천이 스물네 살의 젊은 나이로 세상을 떠났다. 그즈음 가세가 기울었고 어머니 남양 홍씨가 홀로 외아들을 키웠다. 이원수는 다소 우유부단했으나 이해심이 많고 성품이 온화한 사람이었다.

이원수의 집안은 사임당의 집안에 비하면 조금 못 미쳤다. 하지만 신명화는 너그러운 성품의 이원수가 혼인 후에도 딸을 곁에 두고 싶은 자신의 바람을 들어줄 수 있는 사윗감이라고 여겼다. 이원수의 어머니 홍씨는 평소 아들에게 해줄 수 없는 것들이 많았던 만큼, 신씨 집안이 앞으로 아들에게 큰 힘이 되어줄 것이라고 기대했다.

그렇게 한양 선비 이원수는 강릉 최참판댁 사임당에게 장가들었다. 신부는 열아홉 살이고 신랑은 스물두 살이었다. 혼인은 인생 그래프의 변곡점이었다. 사임당의 인생은 새로운 단계로 접어들었다.

어느 날, 이원수가 벗들을 집으로 초대하였다. 기분 좋게 술 한잔
을 걸친 이원수는 벗들 앞에서 부인의 그림 솜씨를 은근히 자랑
하였다. 벗들은 그림 솜씨 좀 구경하자며 이원수를 부추겼다. 사
임당은 자랑할 만한 솜씨가 아니라며 정중히 거절하였지만 거듭
되는 재촉에 매우 난감해졌다. 사임당은 유기 쟁반을 가져오게
하여, 쟁반 위에 먹으로 그림을 그려 보이고는 바로 지워버렸다.

이원수는 호탕하고 너그러웠지만 때로 한량처럼도 보였다. 사
임당은 이원수가 자녀들에게만큼은 존경할 수 있는 아버지의 모
습으로 비춰지기를 바랐다.

사임당은 어느 날 웃음기 하나 없는 표정에 의미심장한 말투로
이원수에게 말을 꺼냈다.

"서방님, 앞으로 10년을 정하고 서로 만나지 않기로 해요. 오로
지 과거 공부에만 전념하세요."

이원수는 어색하게 웃으며 그러겠노라고 대답했다. 하지만 우
유부단한 성격 탓에 중도에 포기하고 이내 사임당 곁으로 돌아왔
다. 사임당은 남편에 대한 기대가 번번이 무너지면서도 자녀들
앞에서는 아무런 내색을 하지 않았다.

이원수는 당숙인 이기의 집에 수시로 드나들었다. 이기는 이원수의 작은할아버지 이의무의 아들이다. 이기는 윤원형과 함께 을사사화를 일으킨 장본인으로, 영의정에 올라 하늘 높은 줄 모르고 기세가 등등한 시절이었다. 사임당은 이원수에게 충고했다.

"앞으로 자식들의 미래에 나쁜 영향을 미칠 수 있으니, 당숙의 집에는 될 수 있으면 왕래를 하지 마세요."

이원수는 이기의 집을 드나들던 발길을 끊었다. 그 덕분에 훗날 윤원형과 이기가 누리던 부귀영화가 한순간에 무너질 때 이원수는 무사히 위기를 넘겼다.

한편, 살아생전에 사임당은 남편 이원수에게 유언처럼 부탁한 적이 있다.

"제가 죽은 후에 재혼만은 하지 말아주세요."

사임당은 부부 사이에 이미 일곱 명의 자식이 있으니 충분하고, 무엇보다 남은 자식들의 장래를 위해서라고 덧붙였다. 하지만 이원수는 사임당의 부탁을 저버렸다.

사임당이 혼인하고 몇 달 지나지 않아 아버지 신명화가 갑자기 세상을 떠났다. 사임당은 강릉 친정집에 머물며 아버지의 3년상을 지냈다. 그리고 시어머니 남양 홍씨에게 인사를 드리기 위해 한양으로 향했다. 한양에서 맏아들 선을 낳았다.

사임당은 강릉 친정집에 홀로 계신 어머니 걱정으로 늘 마음이 무거웠다. 시어머니 홍씨와 남편 이원수는 사임당의 마음을 헤아렸다. 그 덕분에 사임당은 어린 아들을 품에 안고 강릉 친정어머니 곁으로 다시 돌아갔다.

그로부터 거의 20년 동안 사임당은 강릉 친정집에 머물면서 한양, 파주, 봉평을 오가며 살았다. 봉평 백옥포리집은 한양에서 강릉까지 먼 길을 오가는 딸을 배려해서 대관령 고개 가까운 마을에 용인 이씨가 마련해준 별서로 짐작된다. 봉평 집에 머무는 동안 사임당은 친정과 시가의 시야에서 벗어나 자유롭게 지냈다. 율곡을 잉태한 곳도 봉평 집이었다.

그러던 어느 날, 사임당이 시가의 살림을 물려받아야 하는 상황이 되었다. 이번에 대관령 고갯길을 넘으면 언제 다시 친정집에 올 수 있을지 기약할 수 없었다. 그렇다고 해서 계속 머물 수도 없었다. 차마 발길이 떨어지지 않았다. 아쉬운 마음에 몇 번이나 발걸음을 멈추었다. 고개를 돌려 보고 또 보았다. 사임당은 눈물을 애써 감추었다. 강릉 친정집을 떠나 시가로 가는 길, 사임당이 대관령을 넘으며 지은 시가 남아 있다.

「대관령을 넘으며 친정을 바라보다」

늙으신 어머니를 임영(강릉)에 두고
외로이 서울을 가는 이 마음
돌아보니 북평촌은 아득도 한데
흰구름만 저문 산을 날아 내리네

출처: 『사임당』(이순원 지음, 노란잠수함, 2017)

강릉 그리워라, 보고 싶은 어머니

사임당의 어머니 용인 이씨는 말수가 적었고, 성품이 온화하였다. 무슨 일을 하든지 항상 『삼강행실도』의 내용을 나지막한 목소리로 외우곤 했다. 딸은 어머니에게 바느질, 자수, 그리고 여인이 갖추어야 할 부덕에 대해 배웠다. 어머니 곁에서 바느질하고 수를 놓던 그 시절은 이제 다시는 돌아갈 수 없었다. 언젠가 사임당의 어머니는 삶이 고단하다고 느껴질 때 입으로 내뱉기보다는 한 땀 한 땀 수를 놓으며 마음을 달랬다고 한 적이 있었다. 사임당은 어머니가 그리운 밤이면 달을 올려다보며 살아생전에 다시 뵐 수 있기를 빌고 또 빌었다.

「어머니 그리워」

산첩첩 내 고향 천리언마는
자나 깨나 꿈속에도 돌아가고파
한송정 가에는 외로이 뜬 달
경포대 앞에는 한 줄기 바람
갈매기는 모래 위에 헤락 모이락
고깃배는 바다 위로 오고 가리니
언제나 강릉 길 다시 밟아 가
색동옷 입고 앉아 바느질할꼬

출처:『사임당』(이순원 지음, 노란잠수함, 2017)

사임당은 서울에서 시가 살림을 도맡아 하면서도 계속 그림을 그렸다. 사임당에게 그림은 삶이었다. 시간 날 때마다 즐기는 여가 활동이거나 취미였다면 일상의 급류에 휩쓸려 그림은 속절없이 떠내려가고 말았을 것이다. 아버지의 바람대로 딸의 재능은 묻히지 않았고, 사임당은 예술가로서 스스로의 삶을 완성해갔다. 당시에 사임당은 화가 동양 신씨라고 불릴 만큼 예술가로서의 경지를 이루었다.

오늘날 사임당이 그린 산수화 두 점이 전해져온다. '달 아래 외로운 배'라는 뜻의 월하고주도는 모두 강변의 풍경을 그렸다. 실제 풍경을 그린 것은 아니다. 시가 그림으로 그려진 듯, 그림이 시로 다시 쓰인 듯 시와 그림의 경계가 없다. 외로움과 그리움이 잔잔히 묻어난다.

산과 물이 어우러지는 자연의 아름다움을 담아내는 산수화는 세상을 유람해본 적이 있는 사람이 잘 그릴 수 있는 그림이다. 그래서 사대부들이 즐겨 그리는 그림으로 여겨졌고, 이런 이유로 사임당이 산수화를 그렸다는 사실이 자주 부정되었다. 사임당은 자연 감수성이 매우 뛰어났고 자연을 몹시 사랑하였다. 여행 자

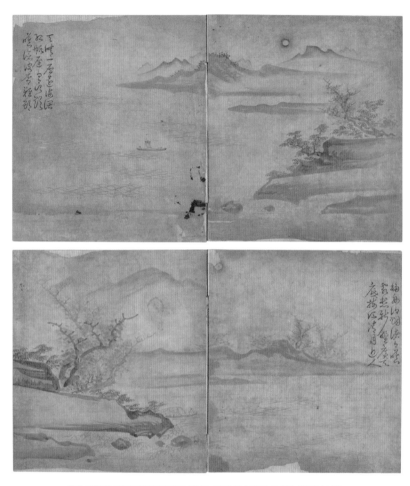

(위) 이백의 시 「장사인이 강동을 떠나는 것을 전송하다」가 있는 이곡산수병
(아래) 맹호연의 시 「건덕강에서 묵으며」가 있는 이곡산수병, 신사임당. ⓒ국립중앙박물관

체가 목적은 아니었으나 사는 동안 누구보다 자연을 접할 기회가 많았다.

예술 재능이 이어지다, 매창과 이우

매창은 사임당이 스물여섯 살에 낳은 맏딸이다. 사임당은 그림을 그린 후 딸에게 자주 보여주었다. 초롱초롱한 눈빛으로 감상을 이야기하는 딸은 정겨웠다. 또 시를 짓고는 딸에게 한번 읊어달라고 청하기도 했다. 딸의 목소리에 귀 기울이다 보면 입가에 미소가 떠올랐다. 매창은 사임당 곁에서 자연스럽게 손에 붓을 쥐게 되었다.

매창은 꽃과 새를 어우러지게 그리는 화조도를 잘 그렸다. 〈참새〉〈참새와 대나무〉〈달과 기러기〉〈설경과 새〉 등의 작품이 전해진다. 사임당과 매창은 매화도 즐겨 그렸다. 매창은 자신만의 매화 그림을 그려내 작은 사임당이라는 별명을 얻었다.

막내아들 이우는 시, 서, 화에 모두 뛰어났다. 당대 초서로 최고 명필이라는 이름을 날린 황기로의 딸과 혼인한 뒤 장인에게 배워 글씨로도 이름을 날렸다. 수묵으로 난초와 포도도 잘 그렸고 초

매창의 매화도. ©오죽헌시립박물관

충도도 즐겨 그렸다. 어머니 사임당이 그린 〈수박과 들쥐〉처럼 아
들 이우가 그린 〈수박과 들쥐〉도 있다.

이경절은 이우의 아들이자 사임당의 손자이다. 벽오 부인 이씨
는 이우의 셋째 딸이고 사임당의 손녀이다. 두 사람 모두 그림에
서 재능을 보였다. 사임당은 딸과 아들, 손녀와 손자에 이르기까
지 예술가 집안을 이루었다.

사임당이 어느 잔칫집에 갔을 때였다. 한 부인이 비단 치마를 입고 왔는데, 치마에 그만 얼룩이 지고 말았다. 부인은 마땅히 입을 옷이 없어 다른 사람의 옷을 빌려 입고 온 터라 어찌할 바를 모르고 당황한 기색이었다. 평소라면 사임당은 사람들 앞에서 보란 듯이 그림을 그리지는 않았을 것이다. 하지만 부인의 모습이 너무 딱해 보였던 사임당은 부인에게 치마를 벗어달라고 하고는 주인에게 붓과 벼루를 부탁하였다.

잠시 후 사임당은 얼룩진 부인의 치마를 방바닥에 넓게 펼쳤다.

신사임당 초충도병풍. ⓒ오죽헌시립박물관

사람들이 그 주위로 모여들었고, 사임당은 치마 얼룩을 가만 살펴보다 붓에 먹물을 고루 적셨다. 잠시 후 붓 끝에서 줄기와 잎이 뻗어 나오더니 포도송이가 주렁주렁 열렸다. 치마를 더럽힌 얼룩이 순식간에 탐스러운 포도송이로 변신했다. 그 자리에 모여 있던 부인들은 사임당이 그림을 그리는 모습을 경탄하며 바라보았다. 사임당은 부인에게 치마를 돌려주며 말했다.

"이 치마를 시장에 내다 파세요. 그 돈으로 새 치마를 살 수 있을 거예요."

아니나 다를까 세상에서 단 하나뿐인 포도 그림 치마를 사고 싶어 하는 사람들은 정말 많았다.

초충도 꽃밭은
일상의 풍경이어라

사임당의 초충도는 살아 있는 자연 생명에 대한 예찬으로 가득하다. 초충도는 이전에도 있었지만 사임당의 초충도는 특별했다. 사임당의 초충도에 담긴 자연 생명들을 모두 밖으로 불러내어 '초충도 꽃밭'을 만들 수 있다면, 그 모습은 일상에서 마주치는 풍경 그대로일 것이다. 자연 학습장을 만들어도 전혀 어색하지 않을 것이다.

사임당의 초충도 꽃밭에는 저 혼자서 온통 눈길을 독차지하는 화려한 꽃은 없다. 자세히 보아야 예쁘고, 오래 보아야 예쁜 꽃들이다. 서로 어울려 있을 때 더 예쁘고, 멀리 가지 않아도 늘 볼 수 있고, 가꾸지 않아도 스스로 잘 자라는 꽃들로 가득하다. 잡초라고 뽑혀나가는 풀도 없다.

수박, 가지, 오이도 있고, 패랭이꽃, 쇠뜨기, 산딸기도 있고, 강아지풀, 바랭이풀, 두메양귀비, 달개비꽃도 있고, 원추리, 맨드라미, 여뀌, 메꽃, 접시꽃도 있고, 도라지꽃도 있고, 방동사니, 봉숭아, 쑥부쟁이와 개미취도 있다.

꽃밭 위로는 하늘 저 멀리에서 나비들과 벌, 잠자리가 날아든다. 혼자서, 때로는 둘이서 쌍을 이루었다. 드물게 세 마리가 함께 찾아오기도 한다. 더러 나방도 날아든다. 땅 위는 메뚜기, 쇠똥벌레(쇠똥구리), 여치, 사마귀, 개구리, 풍뎅이, 방아깨비, 무당벌레, 도마뱀, 장수하늘소, 민달팽이, 들쥐가 차지했다. 전혀 관심을 보이지 않는가 하면, 또 눈독을 들이기도 하고, 더러 사이가 좋지 않은지 만나면 서로 경계하는 분위기도 맴돈다.

사임당의 자연 그림을 보면 자연스럽게 생태 세밀화가 떠오른다. 두 그림 모두 우리 주변에서 흔히 볼 수 있는 꽃과 풀과 곤충을 대상으로, 생태 특성을 잘 살려 그린 그림이라는 특징이 있다. 하지만 초충도는 생태 자체에 관심을 가지고 세밀하게 관찰하여 그린 그림은 아니다.

사임당의 자연 그림은 소망을 품고 있다. 덩굴식물인 수박 그림에는 자손이 덩굴처럼 번창하기를, 형제자매들이 우애 있기를 바라는 마음이 담겨 있다. 맨드라미는 꽃의 모양이 닭 벼슬을 닮아서 계관화라고도 부르는데, 이 때문에 '벼슬에 나아감' '관직에 오름'과 같이 입신출세를 상징한다. 원추리는 어머니들이 거처하는 뒤뜰에 많이 심는 식물로, 그 자체로 어머니를 상징한다. 그밖에 사마귀는 인내심을, 매미는 고결함을, 쥐는 풍요와 다산을 상징한다.

사임당은 자녀들이 서로 우애 있게 지내기를 바라는 마음으로 수박의 덩굴을 그리고, 남편 이원수가 벼슬에 나아가기를 소망하는 마음으로 맨드라미를 그렸을 것이다. 나이 드신 친정어머께서 늘 건강하시기를 빌며 멀리서나마 그리워하는 마음으로 원추리를 그렸을 것이다.

초충도,
가까이에서 살펴보는 재미

오만 원권 앞면에는 가지 그림이 있다. 사임당이 그린 가지 그림으로는 〈가지와 방아깨비〉〈가지와 사마귀〉가 있다. 지폐 속 가지는 어디에 있을까?

오천 원권 뒷면의 초충도는 수박과 맨드라미가 있는 그림이다. 신사임당의 수박 그림은 〈수박과 들쥐〉〈수박과 여치〉가 있고, 맨드라미 그림은 〈맨드라미와 쇠똥벌레〉〈맨드라미와 개구리〉가 있다. 지폐 속 수박과 맨드라미는 두 그림 중 각각 어디에 있을까?

지폐 속 초충도를 보면서 보이는 대로, 말하고 싶은 대로, 마음 가는 대로 자연 생명들을 찬찬히 살피며 이야기를 짓고 서로 나누다 보면 어느새 내 주위에 있는 작은 생명들에게 향하는 마음

〈가지와 방아깨비〉©국립중앙박물관   〈가지와 사마귀〉©오죽헌시립박물관

이 새싹처럼 돋아나고, 너만의 초충도를 완성할 수 있을지도 모른다.

초충도를 보며
마음대로 이야기 짓기

수박이 듬직하게 자리를 잡았다.
잎에는 생기가 가득하고
덩굴은 하늘을 유연하게 가로질러 뻗었다.
수박 세 덩이가 열렸는데
한 덩이는 노란 꽃이 채 떨어지지 않았다.
들쥐 두 마리가 가장 큰 수박을 차지했는데
둘이 먹다가 하나가 죽어도 모를 것 같아
수박이 아주 잘 익은 모양이다.
붉은색 패랭이꽃 두 송이가 피었다.
하늘에는 나비 한 마리, 나방 한 마리
나비가 다가가니 나방이 살짝 피하는가.

〈수박과 들쥐〉
ⓒ국립중앙박물관

들쥐들은 언제 집으로 돌아갈꼬.
붉은 속살 드러낸 수박은
웃는가 우는가.

맨드라미 한 포기가 위로 쭉 뻗었다.
땅은 단단히 뿌리내릴 수 있게 돕고
하늘은 부드럽게 줄기를 받쳐주었다.
하늘과 땅이 하는 일을 사람들은 모르리라.
닭 벼슬 같은 붉은 꽃이 피었으니
내 님도 벼슬길에 오를 날이 오겠지.
그 옆에 산국화가 피었는데
꽃잎이 가을 하늘을 품은 것 같아
쑥부쟁이이거나 개미취
바랭이풀이 자연스럽게 여백을 채웠다.
하늘 위에 나비 세 마리
땅 위에 쇠똥벌레 세 마리
우연일까나.

〈맨드라미와 쇠똥벌레〉
ⓒ국립중앙박물관

1551년 초여름, 사임당은 평안도에 있는 남편에게 편지를 써 보냈다. 울면서 쓴 편지였으나 사람들은 그 뜻을 몰랐다. 사임당은 사흘을 앓아누웠다.

아침이 밝아오려면 아직 이른 새벽, 다가오는 죽음 앞에서 사임당은 지나온 인생을 되돌아보지 않았을까. 남편 이원수가 오랜 기다림 끝에 벼슬길에 올랐을 때, 마음 한구석을 내리누르던 짐을 내려놓았을 것이다. 큰딸 매창이 혼인하던 때를 떠올리며 딸을 그리워하지는 않았을까. 딸은 때로 좋은 벗이었다. 큰아들 선은 부증(몸이 붓는 증상)을 앓았다. 몇 년째 과거 공부에 매달려 있는 아들의 건강이 갑자기 더 나빠지지나 않을까 조바심내던 마음도 여전했을 것이다. 셋째 아들 율곡은 아버지 신명화의 평생 대쪽 같던 모습을 떠올리게 했을 것이다. 율곡은 열 살 무렵 경포대에 갔을 때 「경포대부」를 지을 만큼 영특했다. 막내아들 우는 아직 어리니 할 수만 있다면 좀 더 보살펴주고 싶었을 것이다.

사임당은 자녀들에게 직접 학문을 가르쳤다. 학문을 잘하는 것보다 왜 하는지를 깨닫는 것, 빨리 하는 것보다 제대로 하는 것이 더 중요하다는 점을 항상 잊지 않도록 하였다. 그리고 자신의 삶을 스스로 책임지며 살아가도록 가르쳤다.

사임당은 자신에게 주어진 역할에 최선을 다하며 살았다. 딸, 아내, 며느리, 어머니로서 자신의 자리에서 해야 할 도리를 다하였다. 그러면서도 한 인간으로서 자신의 삶을 완성하는 것도 소홀히 하지 않았다.

사임당은 7남매가 서로 우애 있게 지내고, 어려운 일을 당했을 때 서로 도우며 살아갈 수 있기를 바랐다. 언젠가 어린 율곡은 이다음에 가족들이 모두 한집에 모여 행복하게 오래오래 살고 싶다면서 그림을 그려 보여준 적이 있었다. 자신이 곁에 없어도 7남매가 사이좋게 잘 지낼 거라고 생각하니 마음이 놓였다.

사임당이 집에 남아 있는 자녀들을 불러 말했다.

"나는 다시 일어나지 못할 것 같다."

사임당은 남편과 두 아들이 돌아오는 것을 끝내 보지 못하고 48세의 나이로 조용히 눈을 감았다.

수묵으로 그린 〈포도〉 **1**　**2** 가지 그림

---

1 〈포도〉와 월하고주도

사임당의 〈포도〉는 간송미술관이 소장하고 있다. 맹호연의 시가 담긴 월하고주도와 이백의 시가 담긴 월하고주도는 모두 국립중앙박물관이 소장하고 있다.

2 가지 그림

가지가 있는 그림으로는 〈가지와 사마귀〉(오죽헌시립박물관 소장)와 〈가지와 방아깨비〉(국립중앙박물관 소장)가 있다. 그러나 지폐 디자인에 쓰인 가지 그림은 자수 초충도의 가지 그림이다.

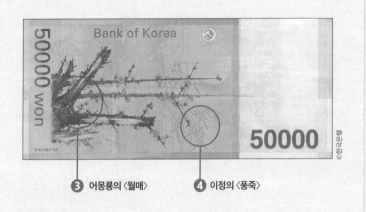

③ 어몽룡의 〈월매〉　　④ 이정의 〈풍죽〉

➕ 자수 초충도, 보물 제595호

자수로 된 초충도는 흑공단(검은 빛깔의 고급 비단)에 수를 놓은
것으로, 지금까지 전해져 내려온 자수품으로는 최초로 보물로

자수 초충도 병풍 제5폭~제7폭. ⓒ동아대학교 석당박물관

지정되었다. 동아대학교 석당박물관이 소장하고 있다.

❸ 어몽룡(1566~1617)

조선 중기 문인화가이다. 문인화
는 전문 화가가 아닌 사대부가 의
미와 뜻을 담아 그린 그림이다. 어
몽룡은 개성이 뚜렷한 매화 그림
으로 이름을 떨쳤다. 〈월매〉의 늙
은 나뭇가지는 꺾였으나 여전히
굵고 곧다. 그 힘에 의지하듯 새로
운 가지들이 하늘을 향해 쭉 뻗었
고 매화꽃이 피었다. 국립중앙박
물관이 소장하고 있는 〈월매〉는
지폐로 디자인되면서 매화 가지가
일부 잘렸고, 보름달은 가지에 걸
린 듯 아래로 끌려 내려왔다.

어몽룡의 〈월매〉 ©국립중앙박물관

❹ 이정(1554~1626)

조선 중기 문인화가이다. 〈풍죽〉은 수묵으로 그린 대나무 그림이
다. 대나무의 강인함을 살리면서 줄기와 잎이 바람에 나부끼는
모습을 생동감 있게 표현하였다. 지폐로 디자인되면서 〈월매〉 뒤
로 흐릿하게 겹쳐지고, 원래 세로로 긴 작품의 방향과는 다르게
가로로 배치되면서 그림이 주는 느낌은 많이 달라졌다. 〈풍죽〉은
현재 간송미술관이 소장하고 있다.

한 발짝 더 들어가보기

2009년 6월, 오만 원권이 발행되면서 신사임당이 새 지폐 인물이 되었다. 오죽헌에 가면 신사임당 동상이 있는데, 그 동상 앞에는 커다랗게 '겨레의 어머니'라고 새겨져 있다. 한 인물에 대한 평가치고는 너무나 단순하면서도 거창하고, 시대에도 맞지 않는다. 마찬가지로 사임당을 따라다니는 또 다른 이미지는 현모양처이다. 현모양처가 '어진 어머니, 착한 아내'를 말한다면 어떤 면에서는 우리 시대에도 여전히 유효하고, 상황에 따라 다양하게 해석될 수도 있다. 하지만 인내와 헌신, 희생의 아이콘으로 현모양처를 주장한다면 시대착오적이다. 그런 의미에서라면 사임당의 삶은 현모양처의 이미지와 맞지 않는다. 지폐 인물로 여성이 주목받고 마침내 사임당이 선정되었을 때, 시대가 요구하는 여성상에 맞지 않는다고 거센 논란에 휩싸인 것은 사임당의 삶이 아니라 사임당에게 덧씌워진 기존의 이미지였다.

- 우리 시대 여성의 삶과 사임당의 삶은 무엇이 얼마나 다를까?
- 만약 새 화폐가 만들어진다면, 도안에 고려될 수 있는 여성 인물은 누가 있을까?

율곡 이이

현실에 뿌리내린 철학

글을 읽는 이유를 기억하라.
옳고 그름을 알아차리고
실천하도록 노력하라.

율곡 이이(1536~1584)

1536년(중종 31년), 강릉 북평촌(오늘날 강릉시 죽헌동)에 있는 외가에서 아버지 이원수와 어머니 신사임당의 다섯째로 태어났다. 여섯 살 때 가족이 함께 서울 본 가로 올라왔다. 열여섯 살에 어머니를 여의고, 금강산에 들어가 불교를 공부한 적이 있다. 스물아홉 살에 호조좌랑으로 벼슬길에 올라 사간원, 사헌부, 홍문관을 비롯하 여 두루 관직을 거쳤다. 경장(부패하고 낡은 제도를 개혁하는 일)을 시대의 과제로 인식했고, 시대의 과제를 해결하는 데서 자신의 소명을 찾았다. 율곡의 간곡한 경장 요청은 선조에게 매번 외면받았으나, 그럼에도 평생 자신을 속이지 않는 성실함으 로 노력했다. 황해도 해주에서 조선의 현실에 맞게 향약(향촌의 자치 규약)을 실시 하였고, 은병정사를 지어 후학을 길렀다. 『동호문답』 『성학집요』 『격몽요결』을 지었 고 『경연일기』를 남겼다. 현실에 뿌리내린 철학으로 조선의 성리학을 발전시켰다. 1584년(선조 17년), 49세에 서울 대사성에서 세상을 떠났다. 파주 자운산에 묻혔다.

강릉 오죽헌
율곡송, 율곡매, 사임당 배롱나무
자운서원
경장
동호문답
성학집요
격몽요결

강릉 오죽헌, 외할머니댁

1536년(중종 31년) 음력 12월 겨울, 사임당 신씨는 친정집에서 몸을 풀었다. 아들이었다. 서른세 살의 나이에 이미 두 딸과 두 아들을 두었고, 이번이 다섯 번째 출산이었다. 사임당이 산고를 치른 그 방에서 오래전 어머니 용인 이씨가 사임당을 낳았다. 자궁은 생명을 잉태하여 키우고, 방은 딸을 어머니로 다시 태어나게 하였다.

아들이 태어나기 전에 사임당은 용꿈을 꾸었다. 꿈에 동해에서 선녀가 서서히 다가오더니 품에 아이를 안겨주었다. 아이의 어릴 적 이름은 현룡이었다.

율곡이 다섯 살 때, 어머니 사임당이 병이 들었다. 외할머니는 살림에 병간호까지 하느라 잠시도 쉴 틈이 없었다. 그러다 어느 순간, 손자가 보이지 않았다. 종종걸음으로 온 집 안을 찾아다녔다. 어린 손자는 사당에 있었다. 어머니의 병이 빨리 나을 수 있게 해달라고 기도를 드리는 중이었다. 그 모습이 어찌나 간절해 보이던지 외할머니는 뒤에 서서 숨을 죽였다.

어느 날은 마을에 큰비가 내렸다. 마을 앞을 흐르는 시냇물이 엄청 불어났고, 물은 거친 소리를 내며 빠르게 흘러 내려갔다. 그 와중에 내를 건너려는 사람이 있었고, 그는 순간 발이 미끄러지면서 몸의 중심을 잃고 말았다. 당황해서 어쩔 줄 몰라 하는 모습을 본 마을 사람들은 놀리듯 웃음을 터뜨렸다. 저만치 어린 율곡만이 혼자 기둥을 잡고 서서 안타깝게 그를 바라보았다. 율곡은 그가 안전해진 것을 두 눈으로 확인하고서야 집으로 돌아갔다.

외할머니의 손자 사랑은
봄비처럼

율곡은 세 살 때부터 글을 읽었다. 어느 날 외할머니는 붉은 석류를 가리키며 어린 손자에게 물었다.

"애야, 이것이 무엇처럼 보이느냐."

어린 손자는 또랑또랑한 목소리로 대답하였다.

"석류가 껍질 안에 부서진 붉은 구슬을 싸고 있어요."

어린 손자의 작은 입에서 시 한 구절이 야무지게 흘러나왔다. 외할머니의 입가에 살포시 미소가 퍼졌다. 손자를 바라보는 두 눈에 애정이 흘러넘쳤다. 외할머니는 처음부터 칭찬할 준비가 되어 있었다. 이미 칭찬받을 준비가 된 것으로 치면 손자도 마찬가지였다. 외할머니와 손자는 각본도 없이 즉흥 연극을 연출하였다. 결과는 만족스러웠다. 보슬보슬 내리는 봄비를 맞으며 쑥쑥 자라는 새싹처럼 어린 손자는 외할머니의 보살핌 속에서 무럭무럭 자랐다.

지폐 속 오죽헌으로,
그림 그리는 어머니 곁에서

사임당이 그림을 그리는 것은 해가 뜨고 지는 일만큼이나 자연스러운 일이었을 것이다. 햇살 좋은 날, 사임당은 오죽헌 마루에서 그림을 그리지 않았을까. 그림을 그리는 사임당의 곁에 어린 율곡도 있었을 것이다. 오죽헌 마당에 서서 마루를 마주 바라보다 보면 마치 내가 율곡이 된 것처럼 그날의 풍경이 머릿속에 그려

오죽헌 내부 모습. ⓒ문화재청

진다.

주변을 정리하고, 종이를 내오고, 붓을 가지런하게 놓고, 물감을 준비하는 순간순간 기분 좋은 소리들이 귓가에 닿는다. 종이가 부드럽게 펼쳐지면서 내는 소리, 붓대가 서로 가볍게 닿으며 내는 소리, 물감 접시를 바닥에 내려놓을 때의 조금은 둔탁한 소리, 어머니의 옷자락이 스치는 소리. 그림을 그릴 때 어머니의 모습은 집안 살림을 챙길 때와는 참 달랐다.

어머니가 그림을 그릴 때면 큰누나 매창이 대개 그 곁에 있었다. 율곡도 바싹 다가가 무릎을 단정히 한 채 목을 길게 빼고 앉아 있곤 했다. 수묵으로 그리는 포도 그림은 단연 최고였다. 세상에서 어머니만큼 포도 그림을 잘 그리는 사람은 없을 거라고 자신했다. 붓 끝에서 포도 줄기가 쑥 자라오르더니 잎이 펼쳐졌다. 잎 가장자리에 굵은 선을 그리지 않아서인지 잎의 느낌이 더 생생하게 살아났다. 포도송이들이 열렸다. 한 송이에 달린 포도알도 크기가 서로 달랐다. 어떤 것은 탐스럽게 익었고 또 어떤 것은 익어가는 중이었다. 큰누나와 어머니는 두런두런 이야기를 주고받았다. 간간이 웃음소리도 터져 나왔다. 그 웃음소리는 봄날의 햇살처럼, 여름날의 소나기처럼 율곡의 마음속에 스며들었다.

강릉을 떠나 서울로

율곡의 외할머니 용인 이씨는 남편 신명화가 세상을 떠난 뒤 집안의 재산을 모두 나누어 상속하였다. 다섯 딸과 손자 들이 재산을 물려받았다. 율곡은 집안의 제사를 잘 챙기라는 당부와 함께 서울 수진방(오늘날 종로구 청진동)에 있는 집을 물려받았다. 율곡의 이종사촌인 권처균은 강릉 집을 물려받았고, '검은 대나무 숲이 있는 집'이라는 뜻에서 오죽헌이라고 이름 지었다.

율곡이 여섯 살 때 가족 모두 서울로 이사했다. 가족들은 수진방 집에서 살았다. 율곡은 어머니 사임당에게 본격적으로 학문을 배우기 시작했다.

율곡이 일곱 살 때 남동생 우가 태어났다. 같은 부모에게서 태어났어도 마음이 더 잘 맞는 형제가 있기 마련이라 우는 율곡을 특히 잘 따랐다. 우는 어머니의 재능을 물려받아 글을 잘 쓰고, 그림도 잘 그리고, 시도 잘 지었다. 게다가 거문고 연주까지 뛰어났다.

서울에 온 뒤 어머니 사임당은 강릉에 있을 때보다 더 분주해졌다. 시어머니가 연로하여 거동이 불편한 탓에 사임당이 며느리로서 시집 살림을 도맡아 꾸려나갔다. 이원수는 과거 공부를 그만둔 적은 없었지만 오랫동안 벼슬길에 나아가지 못했다. 시어머니와 7남매를 건사하는 일은 사임당의 몫이었다.

율곡에게 강릉 외갓집과 서울 친가의 집안 분위기는 사뭇 달랐다. 강릉에서 율곡은 외할머니의 사랑을 듬뿍 받았고, 또 어머니와 함께 지낸 시간이 많았다. 서울에서 율곡은 할머니 앞에서 진중하게 행동했고, 아버지와 함께 보내는 시간이 많아졌다. 율곡은 훌쩍 성장하고 있었다.

율곡리는 밤골마을로도 불리는데, 여기에는 오래전부터 전해져 오는 이야기가 있다.

율곡이 아주 어렸을 때 일이다. 어느 날, 노스님 한 분이 집 마당에 들어서더니 마침 율곡을 품에 안고 있던 사임당에게 시주를 부탁했다. 사임당은 율곡을 잠시 마루에 내려놓고, 안으로 들어가 곡식 한 되를 가져와 조심스럽게 시주 주머니에 담았다. 노스님은 고맙다는 인사를 하고 돌아서려다가, 어린 율곡을 가만히 바라보더니 뭔가 하고 싶은 말이 있는 듯 머뭇거렸다. 사임당이 노스님에게 그 이유를 물었더니 노스님이 대답하기를,

"장차 큰 인재가 되겠소. 그런데 쯧쯧, 호랑이한테 잡아먹힐 액운이 끼었소."

그 말을 들은 사임당은 너무 놀라 어떻게 하면 액운을 피할 수 있는지 물었다.

"집 뒤에 밤나무 천 그루를 심고 잘 가꾸시오. 1년 뒤에 한 노인이 밤나무가 잘 자라고 있는지 보러 올 것이오. 밤나무 천 그루의 덕을 잘 쌓으면, 액운은 저절로 사라질 것이오."

노스님이 돌아가고 난 뒤 사임당은 가족들과 의논하여 집 뒤에

밤나무 천 그루를 심었다. 그리고 밤나무가 행여 잘못되지 않도록 정성껏 가꾸었다.

어느새 1년이 지났다. 어느 날 노스님의 말대로 한 노인이 찾아왔다.

"밤나무가 잘 자라고 있는지 보러 왔소이다."

"저를 따라오시지요."

밤나무 숲으로 들어선 노인은 일일이 소리를 내어 나무를 세기 시작했다. 한참을 세어보더니 노인이 말했다.

"천 그루에서 딱 한 그루가 모자라는군요."

사임당이 순간 당황하여 사방을 둘러보니 발치에 밤나무 한 그루가 죽어 있었다.

"죽은 밤나무 한 그루의 몫으로 아들의 목숨을 내놓으시오."

노인장의 으름장이 떨어지기도 전에 저 너머 나무 사이로 큰소리가 들려왔다.

"나도 밤나무예요."

노인은 숲속 나무들마저 어린 율곡을 살리려는 데 감동을 받았다. 그리하여 아이를 해치려는 마음을 바꾸었다. 순간 노인은 호랑이로 변하더니 이내 어디론가 사라졌다.

파주 율곡리는 율곡의 친가가 오래전부터 터를 잡고 살았던 곳이다. 5대조 이명신은 임진강이 내려다보이는 언덕에 정자를 짓고 그 이름을 화석정(花石亭)이라고 하였다. 율곡이 여덟 살 때 이 정자에 올라 「화석정」이라는 시를 짓기도 하였다.

화석정에는 율곡과 관련하여 전해지는 일화가 또 있다.

율곡이 세상을 떠난 후 임진왜란이 일어났다. 피난길에 오른 선

경기도 파주시 율곡리에 있는 화석정. ©문화재청

조가 이곳을 지나게 되었다. 칠흑같이 캄캄한 밤을 더듬더듬 헤쳐나가는데 저 멀리서 불길이 환하게 피어올랐다. 화석정이 횃불처럼 길을 밝혀주고 있었다. 살아생전에 율곡은 화석정에 기름칠을 잘 해두어 유사시에 대비하도록 당부하였다. 앞일을 예견했던 것일까.

한편, 율곡은 열아홉 살 때 파주에서 우계 성혼을 만나 평생 친구가 되었다. 우계는 성수침의 아들로, 율곡은 성수침을 매우 존경하였다. 조광조의 제자인 성수침은 기묘사화가 일어나자 파주에 은둔했다. 아버지에게 성리학을 배우고, 자신을 수양하는 데만 전념한 우계는 오랫동안 벼슬에 나가지 않았다. 율곡과 우계는 인생의 곱이곱이 마음을 터놓을 수 있는 소중한 벗이었다. 학문 동지로서도 성리학에 대한 토론을 나누며 꾸준히 서로를 발전시켰다.

어머니 사임당,
세상을 떠나다

율곡이 열다섯 살이던 해, 아버지 이원수가 드디어 수운판관으로 벼슬길에 올랐다. 오랜 기다림 끝에 찾아온 집안 경사였다. 율곡의 가족은 이듬해 봄에 수진방 집에서 삼청동 집으로 이사도 하였다. 어머니 사임당은 기쁨을 감추지 않았다.

아버지 이원수가 평안도로 일을 하러 가게 되었을 때, 율곡은 맏형 선과 함께 아버지를 따라 길을 나섰다. 평안도에서 집으로 돌아오는 나루터에서 율곡은 어머니가 돌아가셨다는 소식을 들었다. 아버지가 벼슬길에 오른 바로 다음 해, 율곡이 열여섯 살이 되던 해의 여름이었다. 어머니의 임종도 지키지 못했다는 생각에 율곡은 가슴이 터질 것 같았다. 사임당의 묘는 파주 자운산 기슭에 마련되었다.

사임당이 세상을 떠나고 얼마 지나지 않아 아버지 이원수는 서모를 안방에 들였다. 하지만 서모 권씨가 어머니 사임당의 자리를 대신할 수는 없었다. 감정들이 예리하게 부딪쳤고, 특히 율곡의 맏형은 서모와 사사건건 날을 세웠다.

율곡은 돌아가신 어머니의 무덤 옆에 움막을 짓고 3년의 시묘살이를 하는 동안 집을 멀리했다. 어머니의 따뜻한 음성과 부드러운 손길이 사무치게 그리웠다. 그리움을 좇다 보면 더 이상 어머니가 계시지 않는 집이 떠올랐고, 아버지와 서모가 있는 집으로 돌아가고 싶지 않았다. 마침내 시묘살이가 끝나고, 율곡은 열여덟 살이 되었다. 오늘날로 치면 성인식과 같은 관례를 올리고 숙헌이라는 이름을 새로 지었다.

유교에서는 사람이 죽으면 '돌아가셨다'고 말한다. 죽음은 돌아가는 것이다. 하지만 그곳이 어디인지, 죽음 저 너머의 세상에 대해서는 알려주지 않는다. 이와 달리 불교는 죽음을 설명하고, 헤어날 수 있는 방법을 알려준다. 살아 있는 자들이 죽은 자를 위해 명복을 빌어줄 수도 있다. 율곡은 어머니의 명복을 빌고, 삶과 죽음이라는 실존의 문제를 해결하고 싶었다. 아버지가 서모 권씨와 부부의 관계를 맺었으니 자식의 도리를 다하는 것이 마땅했다. 하지만 마음엔 소용돌이가 일었다. 드러낼 수도 없고, 숨길 수도 없는 감정들은 힘에 부쳤다.

 홀쩍 집을 떠난 율곡은 금강산 마하사에 주로 머물렀다. 불교를 공부하면서 마음이 차츰 안정되었고 학문을 바라보는 시야도 넓어졌다. 나중에는 금강산 곳곳을 찬찬히 유람하는 여유도 누렸다. 높고 낮은 산봉우리들을 오르내리고, 계곡과 폭포의 물소리에 귀를 맡겼다. 기암절벽 앞에 발을 멈추었고, 온갖 나무들로 울창한 숲도 지났다. 새의 날갯짓을 좇아 하늘을 날았다. 어둠 속에 세상이 고요히 잠들면 비로소 빛나는 별들 앞에서 침묵했다. 삶과 죽음이 하나였다. 자연은 생성하고 소멸하는 과정을 순환했다. 무심했고 쉼이 없었다. 율곡은 우주 자연의 질서와 이치 안에서 인간으로서의 존재와 삶을 깊이 성찰했다. 인간은 현실에 뿌리내리고 살아야 하는 존재이다. 현실이 고통의 바다라고 해도 이를 외면하거나 현실 너머의 세상을 위해 살고 싶지 않았다. 율곡은 금강산을 내려왔다.

다시 세상 속으로

산에서 내려온 율곡은 가장 먼저 강릉 외할머니댁을 찾았다. 어린 시절 외할머니의 따뜻한 보살핌을 받으며 자란 덕분에 외할머니에 대한 마음이 누구보다 각별했다. 율곡은 오죽헌에 가면 허전했던 마음이 꽉 채워졌다. 외할머니는 손자가 금강산으로 떠났다는 소식을 들은 뒤로 손자 걱정에 한시도 마음을 놓을 수 없었다. 율곡은 외할머니께 정성껏 절을 했다. 외할머니 용인 이씨의 눈에 손자는 조금 말라 보였지만 눈에는 생기가 도는 듯했다.

늦은 밤, 율곡은 홀로 방 안에 단정히 앉았다. 심호흡으로 마음을 가다듬었다. 율곡은 어렸을 때 쓰던 작은 매화연을 물끄러미 바라보았다. 벼루는 어른 손바닥 크기만 했고, 가장자리에는 매화 가지가 양각되어 있었다. 외할머니께서 주신 선물이었다. 벼루에 먹을 갈 때마다 열심히 학문을 닦아서 탐스러운 매화꽃을 활짝 피워 보답하겠노라고 수없이 다짐했었다. 율곡은 붓을 집어 들어 벼루에 대고 골고루 먹물을 묻혔다. 붓을 잡은 손가락에 힘을 실었다. 한 자 한 자 정성껏 글을 완성하였다. 그 글을 '스스로를 경계하는 글'이라는 뜻에서 「자경문(自警文)」이라고 이름 지었다.

율곡이 어려서부터 쓰던 벼루. 강원도유형문화재 제10호로 지정되어 있다. ⓒ국립중앙박물관

「자경문」
짧은 문장으로 읽기

입지(立志) 뜻을 크게 품고 성인을 본받되 조금이라도 미치지 못하면 더욱 노력하라.

과언(寡言) 말을 줄여 마음을 안정시켜라.

정심(定心) 마음을 바르게 하라.

근독(謹獨) 홀로 있을 때에도 항상 경계하고 두려워하라. 몸가짐과 언행을 조심하라.

독서(讀書) 글을 읽는 이유를 기억하라. 옳고 그름을 알아차리고 실천하도록 노력하라.

소제욕심(掃除慾心) 재산이나 명예를 탐하는 마음을 버리고 욕심을 부리지 마라.

진성(盡誠) 해야 하는 일은 정성을 다하고, 해서는 안 되는 일은 마음에서 일체 끊어버려라.

정의지심(正義之心) 천하를 얻더라도 해서는 안 되는 일은 하지 마라.

감화(感化) 나에게 나쁘게 하는 사람이 있거든 스스로 돌이켜 반성하고 상대방의 마음을 돌리기 위해 노력하라.

수면(睡眠) 함부로 눕거나 기대지 말고, 바르게 자라.

용공지효(用功之效) 공부는 죽은 뒤에나 끝나는 것이니 서두르거나 늦추지 마라.

구도장원공이라도
인생의 좌절은 피할 수 없다

율곡은 열세 살 때 진사 초시에 응시하여 장원으로 합격하였다. 사방에서 천재라며 율곡을 치켜세웠다. 그러나 사임당은 율곡에게 자마에 빠지거나 학문을 게을리해서는 안 된다고 당부했다.

22세에 율곡은 성주 목사 노경린의 딸 곡산 노씨와 혼인하였다. 장인 집안은 세종 때『향약집성방』편찬에 참여했던 노중례의 후손으로, 대대로 의관을 지냈다. 23세에는 성주에 다녀오는 길에 예안(안동)에 들러 퇴계를 만나 학문을 토론하고 시를 주고받았다. 그해 겨울 별시에서『천도책』을 제출하여 장원하였다.

어머니 사임당이 세상을 떠나고 10년 뒤, 아버지 이원수도 세상을 떠났다. 부모상을 치르는 동안에는 과거에 응시할 수 없었기 때문에 아버지의 시묘살이를 하면서 과거 공부에 몰두하였다.

1564년(명종 19년)에 율곡은 생원시와 진사시에서 모두 급제하고, 연이어 대과(문과) 초시, 복시, 전시에서도 모두 장원 급제를 하였다. 사람들은 아홉 번이나 장원 급제를 하였다고 하여 율곡을 '구도장원공'이라고 불렀다.

율곡이 생원시에서 장원 급제하고 문묘에 참배하려 하였을 때 성균관 유생들이 율곡을 가로막아선 일이 있었다. '머리 깎고 불교를 공부했던 자는 자격이 없다'는 이유였다. 해가 지도록 들어가지 못했으나 율곡은 태연하였고 전혀 부끄러운 빛이 없었다. 우여곡절 끝에 성균관에 들어간 율곡은 그해 장원을 차지하며 이름을 떨쳤다. 29세에 정6품 호조좌랑에 제수되면서 벼슬길에 올랐다.

율곡은 시대마다 해결해야 하는 과제가 있다고 인식했다. 그것은 바로 창업, 수성, 경장이다.

창업(創業)은 나라를 일으켜 세우고자 하는 시대에 주어지는 과제이다. 수성(守成)은 일으켜 세운 나라를 지키고 발전시켜가야 하는 시대의 과제이다. 창업과 수성의 시기를 지나면 경장(更張)의 시기가 이어진다.

경장은 원래 가야금에서 느슨해진 줄을 다시 팽팽하게 당겨 음을 조율하는 일을 뜻한다. 처음에 아무리 팽팽하던 줄도 시간이 흐르면 어느새 느슨해지기 마련이다. 줄의 질이 나쁘기 때문이 아니다. 그저 시간이 흐르면서 생기는 자연스러운 과정이다. 그래서 주기적으로 줄을 조율해주어야 한다. 늘어지고, 풀어지고, 해이해진 것을 다시 조이고 당겨주어야 제 음을 낼 수 있다. 율곡은 창업도 어렵고, 수성도 어렵지만, 경장은 더욱 어렵다고 하였다. 우리가 스스로의 잘못된 기질을 고치거나 습관을 바꾸기가 쉽지 않은 것과 같다. 하물며 한 나라의 경장은 말할 필요도 없다.

나라를 잘 경영하려면 창업과 수성 못지않게 경장을 잘해야 한다. 경장은 나라의 높은 이상과 이념, 도덕 가치는 이어가되, 더 이상 시대에 맞지 않는 법과 제도를 시대에 맞게 개혁하는 것이다. 백성들의 삶을 편안하게 하는 데 그 목적이 있다.

경장은
이 시대의 과제이다

태조가 조선이라는 나라를 창업하였고, 그 뒤를 이어 세종과 성종 시기에 수성이 잘 이루어져 나라의 근간이 튼튼해지며 크게 발전하였다. 그러다가 연산군 때 이르러 전에 없던 악법이 만들어지고 폐습들이 숱하게 나타나면서 고쳐지지 않고 있었다.

율곡이 보기에 가장 심각한 폐습은 세금 문제였다. 백성들에게는 곡물, 공납, 노동력 제공이라는 형태로 세금이 부과되었다. 특히 지역의 특산물을 할당량만큼 나라에 바치는 공납의 경우, 그 항목과 양, 특산품을 구하여 올리는 과정에서 생기는 문제가 심각하였다. 이외에도 고르지 못한 균역과 지방의 노비들을 서울로 보내는 선상 노비 문제가 심각하였고, 관아의 벼슬아치 밑에서 일을 보던 서리들의 횡포도 심하였다.

중종 때 조광조 일파가 개혁을 시도했지만 율곡은 성급했다고 생각했다. 원리 원칙에 따라 사사로움 없이 파고드는 선비의 곧은 기상은 기득권 세력에게 오히려 과격하게 받아들여졌고 결국 역풍을 맞았다. 개혁은 성공하지 못했다. 하지만 율곡은 실패한 개혁이라 하더라도 아무것도 하지 않은 것보다는 나은 선택이라고 여겼다.

율곡은 당시 나라의 형세를 '쓰러져가는 집'에 비유하였다. 지붕의 기와가 흘러내리고 서까래가 썩어 무너지려는 집에서 당장 해야 하는 일은 하루빨리 솜씨 좋은 목수들을 불러 모아 집을 수리하는 일이었다. 그렇지 않으면 그 자리에서 낭패를 당할 수밖에 없었다. 율곡이 보기에는 경장만이 살길이었다.

동호의 손님이 주인에게 물었다
『동호문답』

선조 2년(1569년), 율곡이 34세에 홍문관 교리로 있을 때 동호의 독서당에서 공부하였다. 이때 『동호문답』을 지어 올렸다. '동호의 손님이 주인에게 물었다'로 시작되는 이 책은 손님이 묻고 주인이 답하는 대화로 구성되어 있다. 책은 모두 열한 개의 주제를 다룬다. 임금의 도리, 신하의 도리, 임금과 신하가 서로 만나기 어려운 이유, 조선에서 도학이 행해지지 않음에 대하여, 조선이 옛 도를 회복하지 못함에 대하여, 지금의 시대 과제, 수기의 핵심은 실제에 힘씀(무실)에 있음에 대하여, 어질고 유능한 인재를 쓰는 것에 대하여, 백성을 편안하게 하는 방법, 백성을 교화하는 것에 대하여, 정치의 근본은 정명에 있음에 대하여까지.『동호문답』에는 관직에 오른 지 얼마 되지 않은 신인 관리 율곡의 초심과 열정과 의지가 가득하다.

제왕을 위한 정치 교과서,
『성학집요』

『성학집요』는 1575년, 율곡이 40세 되던 해에 선조에게 지어 올린 책이다. 2년에 걸쳐 모두 다섯 편으로 나누어 편찬하였다. 성학은 성인의 학문, 성인이 되기 위한 학문으로서, 조선의 군주학, 제왕을 위한 정치 교과서였다. 율곡은 성학을 이루는 핵심을 모아 책을 지었다.

　당시에 사대부들이 정치 교과서로 중요하게 손꼽는 책은『대학(大學)』이었다. 그런데 책에 담긴 내용이 지나치게 간단하였다. 이에 따라 남송의 유학자 진덕수가『대학연의』를 지었고, 이는 조

『성학집요』는 1575년, 율곡이 40세 되던 해에 선조에게 지어 올린 책이다. 율곡은 성학을 이루는 핵심을 모아 책을 지었다. ⓒ국립중앙박물관

선의 왕이라면 반드시 읽어야 하는 매우 중요한 교재였다. 하지만 그 내용이 무척 방대하였다.

율곡은 『대학』을 책의 뼈대로 삼고, 성학을 완성하기 위한 지름길을 제시하고자 『성학집요』를 지었다. 『성학집요』 안에는 많은 책들이 포함되어 있다. 사서인 『대학』『논어』『맹자』『중용』과 오경인 『시경』『서경』『역경』『예기』『춘추』가 있다. 이외에도 『주례』『사기』『주자대전』『창려문집』『정몽』 등이 있다. 『성학집요』는 조선 후기까지 오랫동안 경연에서 왕의 교재로 채택되었다.

제1편은 이 책의 개괄이면서 책을 관통하는 핵심 사상을 설명하고 있다.

제2편은 자신을 수양하는 「수기」 편이다. 뜻을 세우기, 마음을 단속하기, 이치를 연구하는 학문에 열중하기, 모든 일에 성실하고 진실되게 하기, 기질을 고치기, 바른 기운을 기르기, 마음을 바르게 하기, 자신의 몸을 다스리기, 도량을 넓히기, 사람들을 통해 자신의 덕을 보충하기, 처음과 끝을 돈독하게 하기, 수기의 효과 등이 담겨 있다.

제3편은 집안을 바르게 하는 「정가」 편이다. 효도하고 공경하기, 아내를 바르게 대하기, 자식을 바르게 가르치기, 친척을 친애하기, 근엄하게 행동하기, 절약하고 검소하게 생활하기, 집안을 바르게 하는 효과 등이 담겼다.

제4편은 정치를 하는 「위정」 편이다. 어진 사람을 등용하기, 좋은 것을 취할 줄 알기, 시급한 일을 알아차리기, 선왕을 본받기, 하늘이 내려준 계율을 조심하기, 기강을 바로 세우기, 백성을 편안하게 하기, 교육을 널리 밝히기, 올바른 정치의 효과 등을 이야기했다.

마지막 제5편은 도를 전하는 「성현의 계통」 편이다. 성인의 도를 전하는 학문을 도학이라고 하고, 성인의 도가 전해져온 맥을 도통이라고 한다. 율곡은 이 편에서 선조가 도통을 전승하고 도를 크게 밝혀 실천할 것을 간절한 마음으로 거듭 요청하고 있다.

실질에
힘쓰라

율곡은 선조에게 기대가 컸다. 선조는 성인 군주가 될 수 있는 충분한 자질을 갖추었고, 시대의 요구에도 부합했다. 율곡은 조선이 유지되려면 반드시 폐습이 개혁되어야 한다고 생각했다. 율곡은 선조를 통해 경장을 이루어 왕도 정치, 도학 정치가 세상에 펼쳐지기를 간절하게 바랐다. 경장의 방향과 개혁 방안을 제시하여 실질적인 결과를 낼 수 있게 힘써 행하기를 간청하고 간청하였다. 율곡은 만언봉사도 여러 번 지어 올렸다. 만언봉사는 말 그대로 거의 만 자에 이르는 길고 상세한 상소이다.

선조는 율곡이 말하는 개혁의 필요성을 이해한다고 하면서도 받아들이지는 않았다. 율곡은 조정에 나아가서는 반복해서 선조에게 경장을 요청했지만, 개혁 의지가 없는 선조에게 실망하고 좌절하며 조정을 떠났다. 율곡이 관리로 지낸 시절은 선조와 율곡의 줄다리기 같은 시간이었다.

선조 앞에서 율곡이 올리는 직언은 한결같이 강경하고 단호했다. 넘어설 수 없고, 무너뜨릴 수도 없는 벽 앞에 선 것처럼 절박함은 때로 날카롭고 격렬해졌다.

"실질이 없사옵니다, 실질이 되게 하시옵소서."

함께 살아가는 데
경계하는 말

율곡은 41세(선조 9년)에 벼슬을 극구 사양하고 황해도 해주 석담으로 갔다. 석담의 행정 지역 이름은 황해도 해주 야두촌이다. 율곡의 처가가 그 마을에 있었다. 장인이 세상을 떠나면서 사위인 율곡이 집과 땅을 물려받았고, 율곡은 그곳에 가족들이 함께 모여 살 수 있는 집을 지었다. 맏형이 일찍 세상을 떠날 때 남겨진 형수와 조카들을 잘 돌보겠다고 눈물로 약속했던 율곡은 시간이 흐르면서 형편이 되는 형제들까지 모두 모아 함께 살았다. 아버지가 세상을 떠난 뒤에는 서모 권씨도 모셔 왔다. 그러다 보니 가난하여 도움을 필요로 하는 친인척들까지 하나둘씩 모여들었다.

나중에는 백 명이 넘는 대식구를 이루었다.

　하지만 아무리 가족이라도 모여 살다 보면 갈등이 일어나기 마련이다. 율곡은 '함께 살아가는 데 경계하는 말'로서 「동거계사」를 지었다. 그 내용을 살펴보면 다음과 같다.

　효는 모든 행실의 근본이지만 부모가 이미 돌아가셨으므로 할 수 있는 일은 제사를 드리는 일뿐이다. 따라서 얻은 것이 있으면 먼저 제사의 용도로 거두어두고, 제사를 지낼 때에는 정성을 다해야 한다. 맏형수는 집안의 어른이자 제사의 주인이니 어머니를 모시듯 공경한다. 사사로운 재물을 쌓아두지 말아야 한다. 아내와 소실 사이에 다툼이 없도록 해야 한다. 웃어른을 공손히 섬긴다. 삼촌과 사촌을 어버이와 친형제의 예로 대하고 노복(종)을 때리지 말아야 한다. 한집안 사람들은 힘써 서로 화목하고 즐겁게 지낸다.

　「동거계사」는 서로 지켜야 할 규칙을 구체적으로 정리한 것이었다. 율곡은 이를 한글로 써서 누구라도 읽을 수 있게 하였고, 매달 정해진 날짜에 모두 모여 함께 읽으면서 익히도록 하였다.

율곡의 숨결이 깃든 곳,
은병정사

1578년 황해도 해주 석담에 은병정사를 지었다. 유생들이 목재를 가져와 지었고, 운영비는 늘 부족했다. 하지만 학문을 하고 제자들을 가르칠 수 있는 곳이 있다는 사실에 율곡은 누구보다 행복했다.

율곡은 학문에 뜻을 둔 사람이라면 양반이든 서민이든 서얼이든 신분을 따지지 않고 받아들였다. 하지만 과거 공부를 하려고 찾아오는 사람은 아무리 신분이 높아도 다른 곳에 가서 공부하도록 하였다. 은병정사에서는 오직 성현의 글을 읽고 성리학설을 익히도록 하였고 예외적으로 역사서를 읽도록 하였다.

선조는 은병정사에 있는 율곡을 조정으로 다시 불러올렸다. 율곡은 선조의 부름을 뿌리치지 못하고 제자들에게 학교 운영을 맡긴 채 다시 조정으로 돌아갔다.

율곡은 은병정사를 세우면서, 정사 북쪽에 사당을 지을 계획이었다. 사당에 주희(주자)를 모시고, 조광조와 퇴계를 배향하고자 하였다. 주희는 성리학을 집대성하여 유학의 진리로 들어가는 길을 열어주었고, 조광조는 조선의 도학을 밝히고 유교의 정치 이념을 몸소 구현하려고 노력한 진정한 선비였다. 퇴계는 주희의

학설을 깊이 연구하여 스스로 터득하였고 또한 몸소 실천하여 후세에 모범이 되었다. 율곡이 세상을 떠나고 2년 뒤에 제자들이 율곡의 뜻을 이루었다.

은병정사는 임진왜란 때 파괴되었다가 1604년에 복원되었다. 1610년 광해군 때 '소현서원'이라는 사액을 받아 율곡을 제사 지냈다. 흥선대원군이 서원의 폐습을 개혁하고자 서원철폐령을 내렸고, 전국의 서원 마흔일곱 개만이 살아남았다. 소현서원은 1871년 철폐되었다.

철학은
현실에 뿌리내리고

율곡은 인간이 타고난 선한 본성과 현실 속에서 일어나는 감정을 따로 구분하지 않았다. 욕망이 없는 사람은 없다. 살아가면서 사람이라면 누구나 다양한 자극에 노출되고, 온갖 감정들이 일어나기 마련이다. 성인(聖人)이라고 해도 피할 수 없다.

율곡은 감정 자체에는 선과 악의 구분이 없다고 보았다. 기뻐해야 할 때 기뻐하고, 슬퍼해야 할 때 슬퍼하고, 분노해야 할 때 분노할 수 있으면 선이라고 할 수 있었다. 맹자의 인의예지를 다시 떠올려보자. 인(仁)은 상대방의 마음을 읽고 공감하는 마음이고, 의(義)는 해야 할 것은 하고 하지 않아야 하는 것은 하지 않는 마음이며, 예(禮)는 상대방을 배려하는 마음이고, 지(智)는 옳고 그름을 판단하는 마음이다. 율곡은 상황과 때에 알맞게 감정을 표현할 수 있고, 그 감정이 지나치거나 부족하지 않게 잘 조절된다면 그것이 바로 사단이고 양심이고 선이라고 보았다.

사람은 악한 마음을 품을 수 있지만 언제든지 마음을 돌이킬 수도 있다. 그래서 교육이 필요하고 희망이 있다. 인간이 선한 본성을 갖고 태어났지만 현실은 그렇지 못하다. 인간이 욕망에 사로잡히게 되는 것은 자연스러운 현상이다. 율곡은 인간의 감정 자체보다는 감정에 휘말리게 하는 현실에 관심을 두었다. 율곡은 사람에 대한 애정과 믿음이 깊었다. 올바르게 살아갈 수 있게 사회를 개혁하고, 나아가 사람이 사람답게 살아가는 도리를 가르치는 교육에 헌신했다.

사람을 사람답게 하는 것,
『격몽요결』

『격몽요결』은 율곡이 『소학』을 조선의 현실에 맞추어 쓴 책이다. 일상생활에서의 실천을 중요하게 다루었다. 격몽요결(擊蒙要訣)의 '몽(蒙)'은 '어리석다'는 뜻이다. 어리석다는 것은 알아야 할 것을 아직 모르는 무지의 상태이다. 그래서 '격몽(擊蒙)'은 '어리석음을 깨치는' 것이다. '요결(要訣)'은 '요점 또는 비결'을 뜻하지만 지름길을 말하지는 않는다. 어리석음을 깨치는 비결은 매우 평범하다.

율곡의 『격몽요결』. ⓒ국립중앙박물관

　사람이 사람다운 것은 학문에 있고, 학문은 날마다 행동하는 데 있다. 사람들이 이를 알지 못한 채 그저 부질없이 높고 멀기만 하다고 지레짐작하고는 실천하기 어렵다고 생각할 뿐이다. 사람은 누구나 본성을 갖고 태어나고 학문과 수양을 통해 성인이 될 수 있다. 해가 구름에 가리듯 삶 속에서 본성이 드러나지 못할 뿐이다. 학문은 뜻을 세우는 데서 시작하고, 학문의 목적은 성인이 되고자 함이다. 자신이 없거나 도중에 좌절할 수도 있다. 그렇더라도 스스로 성인이 되겠다는 뜻을 버리면 안 된다.

　학문을 하는 데 체계가 없으면 방향을 찾지 못하고 길을 헤매는 것과 다를 바가 없다. 율곡은 『소학』을 학문의 시작으로 할 것과 공부는 일상 속에서, 삶 속에서 이뤄져야 함을 한결같이 강조했다. 사람을 올바르게 대우하고, 자신의 몸을 바르게 수양하는 힘을 기르는 것이 무엇보다 중요하다. 『격몽요결』은 인조 때 조선 팔도의 지방 향교에 배포되며 널리 사용되었다.

참된 성실함으로 최선을 다하다

사림 세력 내부에서 균열이 생긴 건 1575년 무렵이었다. 지난 시절 사림 세력은 훈구 세력과 대립하였지만 이제는 아니었다.

율곡은 사림 세력 안에서 서로의 정치적 관점이 다르다는 이유로 싸울 수는 없다고 생각했다. 나라를 경영하는 데 공동의 목표를 세우고, 개인의 정치적인 관점을 넘어 함께 노력해 민생을 안정시키자고 주위를 설득했다. 편을 가르지 말고, 어진 신하를 등용하여 모범을 세우고, 유능한 인재를 등용하여 실질적인 결과를 낼 수 있게 하자고 거듭 주장하였다.

율곡은 사림 세력 내부의 갈등을 해결하기 위해 동분서주하였다. 하지만 실패했다. 동인과 서인으로 갈라진 갈등은 갈수록 깊어졌다. 율곡은 서인의 우두머리로 치켜세워졌고, 동인의 공격을 한 몸에 받는 처지가 되고 말았다. 몸도 마음도 지칠 대로 지치고 병들어갔다.

나라를 그르친
소인이 되어

조선이 세워지고 거의 200년 동안 큰 전쟁이 일어나지 않았다. 전쟁의 위기감이 없었기 때문에 국방 예산을 편성하거나 군대를 양성하는 등 국방력을 키우는 것은 다른 일에 밀려 소홀히 여겨졌다. 율곡이 군사와 국방에 관한 일을 총괄하는 병조판서를 맡게 된 것은 파격적인 인사였다. 율곡은 황해도 해주 지역을 대상으로 병사의 이름과 주소 등을 확인하여 병부를 재정리하였다.

큰 전쟁은 없었지만 북쪽 변방에 여진족이 자주 침입하였다. 몇 번의 침입을 막아내기는 했으나 국방력이 튼튼해서가 아니었다. 더 이상 나라의 안위를 운에 맡길 수는 없었다. 국방을 강화하지 않으면 돌이킬 수 없는 위험이 언제든지 닥칠 수 있었다. 율곡은 경연에서 선조에게 국방을 강화해야 하는 이유와 대책을 여러 번 건의했다.

율곡이 변방에 있을 때, 여진족이 침입한 상황에서 전장으로 보낼 말이 급히 필요했다. 평소대로라면 왕에게 먼저 보고를 올리고 허락을 받아야 했지만 전쟁 중이었고 그럴 시간이 없었다. 율곡은 먼저 일을 처리하고 나서 나중에 왕에게 보고를 올리겠다고 판단했다. 그리하여 급히 전마를 구하여 전쟁터로 보냈다. 이 일로 율곡은 왕을 업신여긴 죄를 지었다는 비난에 휩싸이게 되었다.

어느 날, 율곡이 선조의 명을 받고 궁으로 들어가는 길이었다. 그런데 갑자기 현기증이 일어 지친 몸을 쉬느라고 때맞춰 선조에게 나아가지 못했다. 율곡이 몸도 마음도 만신창이라는 사실을 알았던 선조는 이 일을 문제 삼지 않았다. 하지만 율곡에게는 신하로서 왕의 부름을 가벼이 여긴 죄목이 또 하나 더해졌다.

율곡이 병조판서를 사직하고 물러나자, 선조는 다시 이조판서 관직을 내렸다. 하지만 율곡에겐 남은 시간이 없었다. 1584년(선조 17년) 1월, 율곡은 49세의 나이로 서울 대사동(오늘날 종로구 인사동)에서 마지막 숨을 거두었다.

대사동(大寺洞)은 오래된 절인 원각사가 있었고, 그래서 절골이라고도 하였다. 오늘날 종로에서 인사동으로 이어지는 길 초입에 승동교회가 있는데, 교회 예배당으로 이어진 길에 서면 우뚝 선 종로타워가 바로 눈앞에 보인다. 오른쪽으로 보이는 허름한 화단에는 율곡의 절골 집터를 알리는 표지석이 있다. 그런데 이곳이 아니라 이 언저리에 있었다는 설명을 읽는 순간 왠지 모르게 쓸쓸

해지는 마음을 감출 수가 없다. 율곡은 경기도 파주시 천현면 동문리 자운산 기슭에 묻혔다.

파주 율곡선생유적지, 가족묘

율곡의 가족이 함께 잠들어 있는 가족묘는 보통 사람들이 상식으로 여기는 순서를 따르지 않았다. 맨 위에 곡산 노씨의 묘가 있고, 그 아래에 율곡의 묘가 있다. 그 아래에 율곡의 맏형인 이선과 부인 곽씨의 합장묘가 있고, 그 아래에 아버지 이원수와 어머니 신사임당의 합장묘가 있다. 맨 아래에는 율곡의 맏아들 경림의 묘가 있다.

왜 이런 순서로 묘가 배치되었을까? 먼저 조선 시대에 자식의 입신출세는 부모에게 할 수 있는 가장 큰 효도였다. 자식이 높은 관직에 오르면 부모보다 높은 곳에 모실 수 있는 관례가 있었고, 이 관례에 따랐을 수 있다. 풍수와 관련이 있다는 이야기도 있다. 자운산 산줄기의 혈자리에 사임당과 이원수의 묘를 썼는데, 후에 율곡의 묘를 쓰려니 마땅한 장소가 없어 어쩔 수 없이 그 위에 묘를 만들었다는 것이다.

한편, 곡산 노씨와 율곡의 묘는 합장하지 않았다. 여기에도 전해지는 이야기가 있다. 율곡이 세상을 떠난 뒤 10년도 되지 않아 임진왜란이 일어났다. 곡산 노씨는 율곡의 묘를 지키다가 왜군에게 죽임을 당했고, 그때 부인과 함께 있던 여종도 변을 당했는데 여종과 부인의 시신을 구별하기 어려워 율곡과 묘를 따로 썼다는 이야기다.

이외에 문화 해설의 맥락에서 더해진 이야기들도 있다. 묘의 배치를 두고 어머니인 사임당이 두 아들을 등에 업고, 손자를 안에 품었다는 이야기, 아들들이 어머니를 감싸서 보호하고 있다는 이야기도 전해지지만 정답은 없다.

자운서원에서 가족묘로 가는 입구인 여현문.

자색 구름이 맴도는 곳,
자운서원

자운서원은 1615년(광해군 7년) 율곡의 제자 김장생이 중심이 되어 여러 선비들이 뜻을 모아 세웠다. 효종 원년(1650년)에 '자운'이라는 현판을 받아 사액서원이 되었다. 고종 때 철폐되었고, 한국전쟁 때 완전히 폐허가 되었다. 지금 있는 자운서원은 모두 새로 지어진 것이다. 현판을 마주하고 서면 왼쪽으로 크기가 아담한 은행나무 한 그루가 수문장처럼 자리를 지키고 있다.

자운서원 자운문.

강인당

자운서원이 학교라면 강인당은 가르침과 배움이 이루어지는 교실이다. 강인당 앞에 서 있는 느티나무 두 그루가 들어서는 이를 온몸으로 반긴다. 수령이 400년이 훨씬 넘었다. 세월의 온갖 풍파를 견뎌온 이력이 풍긴다. 담장은 좌우로 동글동글한 돌들을 박아 만들었다. 경사가 가파르지만 느티나무들이 듬직하게 그 자리를 지켜주기 때문인지 담장 위의 기와들이 마치 음을 하나하나 짧게 끊어 연주하는 스타카토의 리듬을 타고 경쾌하게 다가오는 듯하다.

입지재와 수양재

강인당이 교실이라면 그 앞에 마주 보고 선 입지재(동재)와 수

자운서원 강인당. 느티나무와 회양목이 있는 풍경.

양재(서재)는 기숙사에 해당한다. 배움은 뜻을 세우는 일에서 시작된다. 공부는 자신을 속이지 않고 성실한 마음으로 꾸준히 인격을 수양하는 일이다. 동재와 서재 뒤로 두 개의 굴뚝이 있다. 굴뚝이 있다는 건 방이 있다는 뜻이다. 굴뚝의 키는 높지 않고, 동글동글한 돌들을 품었다. 그 모양이 모나고 거친 마음을 정성껏 꾸준히 둥글게 다듬어가는 공부의 과정을 닮은 것만 같다.

율곡 약수

강인당 서쪽 문으로 나가면 언덕이 있다. 이곳에 율곡 약수라는 이름의 약수터가 있다. 약수터에는 빨간색과 하늘색 플라스틱 바가지 두 개가 서로 음양을 맞추기라도 하듯 나란히 걸려 있다. 이곳에서 보면 자운서원의 측면이 아주 잘 보인다.

자운서원 율곡 약수 근처에서 본 문성사 풍경.

자운서원 묘정비

강인당 뒤로 사당으로 통하는 출
입문인 내삼문을 마주 보고 왼쪽에
자운서원 묘정비가 있다. 이 비는 자
운서원을 세우게 된 내력을 화강암
에 기록하여 세운 것이다. 장방형의
큰 돌 위에 비 몸을 세우고, 덮개돌
을 지붕처럼 덮었다. 비석에 새긴 글
은 우암 송시열이 지었다. 묘정비 옆
에는 한글로 된 해설이 돌에 새겨져
있다. 첫 문장은 이렇다. "자운서원
은 율곡 선생을 제사 지내는 곳이다."

자운서원 내삼문 앞 묘정비.

사당, 문성사

1624년(인조 2년)에 율곡에게 문성(文成)이라는 시호(인물의 사후
에 공덕을 칭송하여 붙이는 이름)가 내려졌다. '학문을 널리, 높이 이
루었으며, 백성을 위한 정치를 힘써 이루었다'는 뜻이 담겨 있다.

사당에는 율곡의 영정이 모셔져 있다. 영정 속 율곡은 학창의를
입고 있다. 흰색과 검은색이 어우러져 두루미를 떠올리게 하는
학창의는 선비의 깨끗하고 고고한 기품을 돋보이게 한다. 문성사

에는 율곡의 제자 김장생과 박세채의 위패도 같이 모셔져 있다.

사당 공간이기 때문에 제사와 관련된 기물도 볼 수 있다. 동쪽에 있는 관세위는 사당에 들어가 제사를 지내기 전에 먼저 손을 씻는 곳이다. 화강암으로 된 큰 직사각형 모양이다. 돌 뚜껑을 옆으로 밀면 움푹 파인 그릇 모양에 물이 담겨 있다. 서쪽에 있는 망료위는 제사를 지내고 난 뒤 축문을 태우는 곳이다.

이곳의 경사는 매우 가파르다. 계단 양쪽에 심은 나무들은 하나같이 앞으로 쓰러질 듯 위태로워 보인다. 특히 동쪽에 자리 잡은 가녀린 향나무는 가파른 경사에 대항이라도 하듯 줄기를 비틀며 안간힘을 쓰고 있다. 그 모습이 너무나 애처롭다.

문성사 전경.

다시,
강릉 오죽헌

강릉 오죽헌은 사임당의 친정집이자 율곡의 외갓집이다. 율곡은 오죽헌에서 태어나 여섯 살 때까지 살았다. 사임당이 세상을 떠난 뒤에는 홀로 계신 외할머니를 뵈러 대관령 고갯길을 넘어 이곳을 찾았다.

별채로서 오죽헌은 정면 세 칸, 측면 두 칸의 일자형 건축물이다. 추녀가 단아하게 하늘을 향하는 팔작지붕에 천장에는 서까래가 드러나 있다. 왼쪽 두 칸은 우물마루를 깔았고, 오른쪽 한 칸은 온돌방이다. 이 온돌방에서 사임당이 태어났고, 다시 이 방에서 사임당이 율곡을 낳았다. 오죽이 자연스럽게 집을 품었다. 대나무 숲은 보기에도 운치가 있지만 바람을 막아주기도 한다. 대숲에 이는 바람 소리는 오죽헌과 그 집에 사는 사람들의 삶 곳곳에 스며들었을 것이다.

오죽헌은 1975년에 대대적으로 단장되었다. 문성사, 자경문, 율곡기념관이 들어섰다. 강릉을 대표하는 관광지로 떠올랐다. 주차장도 넓어졌다. 그렇게 오죽헌은 사람이 살았던 소박한 집이 아니라 관광객들에게 보여지는 집이 되었다. 배보다 배꼽이 더 커져버렸다. 아쉬운 마음에 오죽헌 앞마당을 서성이다 보면 매화나무, 배롱나무가 있어서 그나마 작은 위안을 얻는다. 사임당의 숨결을 차분하게 느끼고 싶다면, 오죽헌 뒤쪽으로 난 툇마루에 앉아 잠시 쉬어도 좋다.

율곡의 사당인 문성사는 오죽헌 바로 옆으로 계단을 오르면 있다. 사당을 지키듯 줄기를 비스듬히 세우고 서 있는 소나무에는 '율곡송'이라는 이름이 있다. 문성사를 지으면서 원래 이곳에 있던 어제각은 사랑채와 안채 건너편으로 옮겼다. 정조는 율곡이 지은 『격몽요결』을 보고 서문을 지었고, 잘 보관하라는 당부와 함께 오죽헌으로 돌려보냈다. 그리고 친히 글을 지어 어린 율곡이 사용했던 벼루의 뒷면에 새기게 하였다. 정조의 친필이 있는 책과 벼루를 보관하기 위해 어제각을 지었다.

어제각으로 가려면 운한문(雲漢門)을 지나게 된다. 언뜻 보기에 그저 평범한 통로 같지만 머리에 구름을 이고 은하수를 건넌다는 상상에 들게 하는 이름이다. 자경문(自警門)을 지날 때면 율곡이 '스스로를 경계하는 글'이라는 뜻에서 지었던 「자경문」을 떠올려 봐도 좋겠다.

파주 자운서원과 강릉 오죽헌을 돌아보고 나면 문득 황해도 해주 석담에도 가보고 싶어진다. 지금은 마음대로 갈 수 없는 북녘 땅이다. 언젠가 해주에서 율곡의 삶을 더 깊이 만날 수 있기를 소망해본다.

오천 원권 한눈에 보기

① 오죽과 오죽헌   **②** 정자관

---

① 오죽이 있는 집, 오죽헌

자연과 사람이 서로 어우러져 살았던 집

그 집에 살았던 사람들의 이야기를 품은 오래된 집

노년의 삶이 존중받은 집

여성과 남성이 따로 또 같이 살았던 집

그리하여 보물(제165호)이 된 집

③ 신사임당 초충도 중 〈수박과 여치〉 〈맨드라미와 개구리〉

❷ 정자관

선비들이 평소 집에 있을 때 실내에서 쓰던 쓰개이다. 정자관에
는 산(山) 모양의 단을 두는데, 단이 두 개인 것을 이층 정자관
이라고 한다.

➕ 복건

선비들이 한가로이 지낼 때 쓰던 쓰개이다. 검은 헝겊으로 위는
둥글고 삐죽하게 만들고 뒤로는 넓고 긴 자락을 늘어뜨린 모양
이다. 천 원권 속 퇴계가 복건을 쓰고 있다. 그런데 퇴계는 복건
이 중이 쓰는 두건 같아서 선비에겐 어울리지 않는다고 여겼고,
정자관을 좋아했다고 한다.

➕ 익선관

왕이나 세자가 집무를 볼 때 곤룡포에 쓰던 관이다. 매미 날개 모양의 장식을 꾸몄다.

❸ 신사임당 초충도

모두 18폭이 전해진다. 국립중앙박물관 소장의 초충도 8폭 병풍과 강릉시 오죽헌시립박물관 소장의 초충도 8폭 병풍, 그리고 〈수박과 석죽화〉〈꽈리와 잠자리〉이다. 오죽헌시립박물관이 소장하고 있는 초충도 병풍은 1965년 옥산 이우의 14대 종손 논산 이장희 선생이 기증하였다. 오천 원권 뒷면에 있는 〈수박과 여치〉〈맨드라미와 개구리〉도 강릉시 오죽헌시립박물관 소장품이다.

한 발짝 더 들어가보기

영정은 돌아가신 분의 모습을 담은 초상화이다. 1973년부터 정부는 표준영정을 지정하여 공식 행사, 자료, 동상과 지폐 등에 활용하였다. 세종의 표준영정(1973년 지정)은 김기창 화백, 신사임당(1986년 지정)과 율곡(1975년 지정)의 표준영정은 김은호 화백, 퇴계의 표준영정(1974년 지정)은 이유태 화백이 그렸다. 화폐 도안 속 초상화도 표준영정을 바탕으로 제작되었다.

그런데 2009년 11월, 민족문제연구소가 펴낸 『친일인명사전』에 김기창 화백과 김은호 화백이 등재되고, 초상화가 실제 인물의 특성을 제대로 담고 있지 않다는 점에서 논란이 되고 있다.

율곡은 정치의 근본은 정명(正名)에 있다고 하였다. 정명은 '이름을 바르게 세우다'라는 뜻으로, 이는 곧 역사를 바로 세우는 일과 같다. 을사사화로 인해 짓밟힌 선비들의 명예와 정당성을 회복하고자 노력하였던 율곡이라면 과연 어떤 선택을 했을까.

• 표준영정, 지폐, 이 책의 그림 속 인물의 모습은 무엇이 같고 무엇이 다른가요?

• 지폐 인물 초상화를 그리는 공모전에 작품을 응모한다면, 어떤 초상화를 그리고 싶은가요?

짙은 구름이 태양의 열기를 가려주던 그날, 친구들과 남한강 자전거길 위에 있었다. 자전거 초보인 내 어깨와 두 손에는 잔뜩 힘이 들어갔다. 머리로는 자전거에 몸을 맡겨야 한다고 생각했지만 통제할 능력이 없었다. 그래도 제법 잘 달리고 있다고 느낀 순간, 뭔가에 탁 부딪쳤다. 몸은 자전거와 분리되어 아주 잠시 붕 날았다. 어차피 나동그라지는 김에 대자로 벌렁 드러누워버렸다. 하늘을 올려다보며 홀가분한 기분마저 들었다. 개미집이 있는 풀밭 위에 떨어진 덕분에 크게 다치진 않았다. 개미들에겐 지금도 미안하다. 그날 나는 세상일은 욕심만으로 되지 않는다는 사실을 온몸으로 다시 배웠다.

지폐 인물들을 한 권에 다루는 책이 있으면 좋겠다는 제안을 받았을 때 딱 부러지게 거절하지 않았다. 도토리 한 알 데굴데굴 굴러와 내 앞에 멈추었다고 생각했다. 익숙하게 느껴졌고, 글을 쓰는 일이 그리 어렵지 않을 것 같았다. 하지만 지폐 인물들의 이름이 익숙했을 뿐 내가 알고 있던 것들은 마른 풀잎처럼 시들었다.

책을 찾아 읽고, 자료를 정리하고, 답사를 다녀오면서 나도 모

르게 네 인물의 삶에 빠져들었다. 그들에게는 우리와 별반 다르
지 않은 평범함이 있었고, 우리와는 또 다른 비범함이 있었다. 지
갑 속의 역사를 더듬다가 지갑 속의 인생을 만났다.

　돌아보면 하고 싶은 말이 참 많았던 것 같다. 말은 글이 되어 원
고를 채우고 또 채웠다. 다행히 내겐 솔직하고 재치가 반짝이는
벗들이 있었다. 그 덕분에 지나치게 욕심을 내고 있는 내 모습을
알아차렸고, 그래서 멈출 수 있었다. 말이 넘치면, 소중한 것들이
오히려 말에 덮여버리고 만다. 지폐 인물들을 만나면서 내가 느
꼈던 잔잔한 감동들을 하마터면 스스로 사라지게 할 뻔했다. 글
을 덜어내고 또 덜어냈다. 처음보다 훨씬 가벼워졌다. 깃털이 하
늘을 날게 하지만, 가볍지 않으면 새가 어찌 날 수 있으리.

　이 책이 누군가의 마음을 두드릴 수 있기를 바란다. 스스로 거
닐어보고 싶고, 스스로 느껴보고 싶은 마음을 불러일으킬 수 있
기를 바란다. 손을 들어 바람을 만지고, 그 바람을 따라 시간과
장소의 경계를 넘어 지폐 인물들과의 만남이 이루어지면 참 좋
겠다.

가뿐하게 읽는 역사

지갑 속의 한국사

© 2020 박강리

1판 1쇄	2020년 1월 28일
1판 3쇄	2021년 6월 10일

지은이	박강리
펴낸이	김정순
책임편집	한의영
디자인	김수진
일러스트	정5
마케팅	이보민 양혜림 이다영

펴낸곳	㈜북하우스 퍼블리셔스
출판 등록	1997년 9월 23일 제406-2003-055호
주소	04043 서울특별시 마포구 양화로 12길 16-9(서교동 북앤빌딩)
전자우편	editor@bookhouse.co.kr
홈페이지	www.bookhouse.co.kr
전화번호	02-3144-3123
팩스	02-3144-3121

ISBN 979-11-6405-053-6 43910